UNIVERSITÉ DE FRANCE

FACULTÉ DE DROIT DE PARIS

DROIT ROMAIN

DE LA PROTECTION DES TIERS

DANS LES TRANSMISSIONS ENTRE-VIFS

DROIT FRANÇAIS

DE L'ORIGINE DE LA TRANSCRIPTION

DANS LES PAYS DE NANTISSEMENT

THÈSE POUR LE DOCTORAT

PRÉSENTÉE ET SOUTENUE
le mardi 21 Janvier 1890, à 3 heures

PAR

Georges PEAUDECERF

AVOCAT A LA COUR D'APPEL

Président : M. LEFEBVRE, professeur.
Suffragants : { MM. BEUDANT, professeur.
GÉRARDIN, professeur.
PLANIOL, agrégé.

*Le candidat répondra en outre aux questions qui lui seront faites
sur les autres matières de l'enseignement.*

PARIS
A. GIARD, LIBRAIRE-ÉDITEUR
16, Rue Soufflot, 16.

1890

DROIT ROMAIN

DE LA PROTECTION DES TIERS

DANS LES TRANSMISSIONS ENTRE VIFS

CHAPITRE PREMIER

DE LA PROPRIÉTÉ AUX PREMIERS TEMPS DE ROME

Il est difficile de déterminer d'une façon exacte les lois adoptées par les peuples primitifs et de percer l'ombre qui couvre leurs institutions. L'histoire qui pourrait aider dans les recherches, se perd le plus souvent dans la description de fictions conservées par la tradition orale. Elle ne nous donne que des vérités mutilées entourées de détails dus à l'imagination et dont il faut faire abstraction pour découvrir ce qui existait.

Cette ombre règne sur l'état ancien de la propriété comme sur les autres points. L'individu eut-il primitivement un droit propre sur les choses ou ce droit fut-il collectif? C'est ce qu'il est difficile d'établir. Les savants ne sont pas d'accord. Les uns pensent que la terre appartint d'abord à tous et quelle ne fut divisée entre les tribus et entre les individus que pour un temps déterminé, un an par exemple; elle devait ensuite retourner

1

à la collectivité (1). D'autres n'admettent pas le fait primitif de la communauté des terres (2). Nous ne pren-
drons pas parti dans cette discussion générale, ce serait
sortir de notre sujet. Mais nous chercherons à déterminer quel fut le caractère de la propriété aux premiers
temps de Rome.

Denys d'Halicarnasse, Varron, Festus, Pline, nous fournissent, sur ce sujet, des témoignages du plus grand intérêt et sur la sincérité desquels on ne peut avoir de
doute.

D'après Denys d'Halicarnasse, Romulus divisa en dix
curies ou phratres chacune des trois tribus ou phyles
qui composaient la population et partagea le territoire
en trente lots. Il assigna par le sort un de ces lots à
chaque curie, après avoir réservé une part pour les frais
du culte et une autre pour le domaine public (3).

Varron constate à deux reprises la même tradition :
« *Ager Romanus primum divisus in parteis tris, a quo tribus
appellata Tatiensium, Ramnium, Lucerum* » (4). « *Bina jugera quod a Romulo primum divisa dicebantur viritimque
quod hæredem sequerentur, hæredium appellarunt.* »

Nous trouvons dans Festus et dans Pline l'Ancien, la
mention de ce mesurage primitif du domaine romain.
« *Centuriatus ager, in ducenta jugera definitus, quia Romu-*

---

1. Viollet. *Caractère collectif des premières propriétés.*
2. Fustel de Coulanges. *La Cité antique*, p. 80-81.
3. Denys d'Halicarnasse, *Ant. Rom.* liv. II, ch. III.
4. Varron. — *De lingua latina* — V.55, édit. Egger d'après l'édition de Müller. Parisiis, 1827, p. 16.
5. Varron. — *De re rustica*, lib. I, 10.

lus centenis civibus, centena jugera tribuit » (1) *« Bina tunc jugera populo Romano satis erant, nullique majorem modum attribuit »* (2).

On peut, en argumentant sur ces textes, dire qu'avant la fondation de Rome la propriété du sol fut commune à tous. L'histoire nous apprend, en effet, que la tribu qui prit possession du territoire où la ville fut fondée, n'était pas une colonie d'émigrants venant de loin et s'établissant par droit de conquête, mais un groupe qui depuis longtemps habitait l'Italie. Romulus fit cesser l'état d'indivision des terres et attribua à chacun de ses compagnons une mesure égale.

Après le partage fait par Romulus, la propriété privée exista, mais l'idée primitive du droit de la communauté ne disparut pas complètement. Les premières ventes se rapprochèrent de la cession d'un simple usufruit, elles furent compliquées et difficiles. C'étaient des actes auxquels prenaient part non seulement le vendeur et l'acquéreur, mais aussi les autres membres des tribus intéressées à l'opération.

Cette publicité des ventes, nous la trouvons dans presque tous les pays, à l'époque où cesse la copropriété du sol et en tout cas l'inaliénabilité (3).

A une époque très reculée, l'aliénation n'était valable dans l'Inde que si le consentement des habitants du lieu, celui des parents, des voisins et des héritiers était donné à l'acte (4).

1. *Sext. Pompon.* édit. Dacier, *ad usum Delphini*, p. 74.
2. Pline. — *Hist. nat.* lib. XVIII. II.
3. Viollet. *Op. cit.*
4. Land is conveyed by six formalities ; by the assent of tows-

En Grèce, nous voyons les ventes primitives accompagnées d'un grand nombre de formalités. Théophraste dans un fragment de son livre des Lois, nous les fait connaître : « Certains législateurs veulent que les ventes soient faites par un crieur public et qu'elles soient criées plusieurs jours à l'avance. D'autres exigent qu'elles aient lieu par devant un magistrat; ainsi Pittacos veut que ce soit par devant les rois et le Prytane. Il y en a qui prescrivent, que la vente soit affichée devant le lieu ou siège le magistrat, pendant soixante jours au moins comme à Athènes. Ailleurs encore, les ventes doivent être criées pendant cinq jours consécutifs, avant d'être confirmées, pour laisser aux intéressés le temps d'intervenir et de réclamer la propriété. On observe la même chose pour les dations d'hypothèque » (1).

Les premières ventes paraissent avoir eu une certaine publicité chez les peuples que nous venons de citer. Nous pouvons rapprocher les formalités qui les accompagnent de celles qui firent acquérir la propriété à Rome. Il nous faut pour cela rechercher : quelle était la nature de la propriété romaine et décrire les modes d'acquisition.

Organisation de la propriété romaine.

La loi des XII Tables ne connaît qu'une seule espèce de propriété : «*Aut enim ex jure Quiritium unusquisque do-*

men of kindred, of neighbours, and of heirs and by delivery of gold and of water (Colebrooke, *A digest of Hindu law*, vol. II, 1801, p. 161, art. XXXIII.)

1. Theophraste. — Traduit par M. Dareste dans la *Revue de législation*, année 1870.

minus erat, aut non intelligebatur dominus» dit Gaius (1). Pour avoir cette propriété, ce *dominium*, il faut être citoyen romain et pour qu'elle porte sur les immeubles il faut en outre qu'ils en soient susceptibles, c'est-à-dire qu'ils fassent partie du sol romain.

Cette propriété soumise à des restrictions si étroites ne peut être transférée que par des modes limités et soumis aux règles d'un formalisme sévère. Les fragments du Vatican nous apprennent que ces modes étaient, à l'époque des XII Tables, la mancipation et la *cessio in jure*.

La loi des XII Tables ne connaissait qu'une espèce de propriété, celle du droit civil. Mais Rome étendit bientôt sa domination sur les pays qui entouraient son territoire primitif. Ces pays devinrent la propriété de tous, l'*ager publicus*; ils furent peu à peu occupés et cultivés. Les détenteurs de l'*ager* n'eurent d'abord d'autre titre légal que leur occupation, d'autre droit qu'un droit précaire, mais qui cependant produisait à l'égard des tiers des effets légaux équivalents à ceux que donne le droit de propriété, puisque les détenteurs percevaient les fruits, excluaient et transmettaient (2). Bientôt, les principes d'équité triomphèrent du droit strict primitif. Pour éviter des luttes continuelles, pour terminer les procès ; cet état de fait, cette détention de l'*ager publicus* dut être reconnue, sanctionnée. On organisa à côté du droit civil si rigoureux un droit d'équité plus tolérant, pour régler les transmissions et garantir la jouissance de ce domaine nouveau. Ces innovations furent faites par le préteur. La jurisprudence

1. Gaius, Gaius 6 II, § 40.
(2) Giraud, *Le droit de propriété.*

prétorienne violait le droit positif, elle fut cependant ob-
servée avec fidélité parce qu'elle était équitable et qu'elle
répondait aux besoins de la pratique en consacrant le
droit du possesseur de l'*ager publicus*. Ce ne fut pas seulement en cette matière que l'influence du préteur se fit
sentir.

Dans la première période du droit, la propriété n'avait
qu'un caractère unique, celui de domaine quiritaire.
Pour obtenir ce caractère, elle devait porter sur un fonds
romain et avoir été acquise par un mode d'aliénation et
de transmission du droit civil, modes que seul le citoyen
romain pouvait employer. Mais il pouvait arriver que la
chose fut simplement livrée et non mancipée. Le préteur
s'empressa d'établir à côté du *dominium* une autre véritable propriété qui mérite d'être appelée 'propriété prétorienne, à laquelle il ne donna pas de nom spécial pour
ne pas paraitre entrer en lutte avec le droit civil, et qu'il
se contenta de désigner par une périphrase : « *in bonis habere* ». Cette propriété fut peu à peu protégée et devint
l'égale du *dominium*.

En dehors de cette distinction entre l'*in bonis* et le *dominium*, il s'en était établi une autre ; toutes les choses
immobilières, mobilières ou incorporelles, étaient comprises sous la division antique des *res mancipi aut nec
mancipi*, d'après Ulpien : « *Omnes res aut mancipi sunt,
aut nec mancipi* (1). Les *res mancipi* sont celles qui ont pa-
ru précieuses aux premiers Romains ; il est difficile d'en
donner une énumération exacte, mais il est certain que

(1) Ulp. Rég., XIX, 1.

le sol romain était *res mancipi*, les autres terres situées hors des étroites limites de l'*ager romanus* étaient *res nec mancipi*.

Cette distinction des *res mancipi* et *nec mancipi* a pour nous une grande importance : les *res mancipi* sont celles dont la propriété est transférée d'un citoyen à un autre par la mancipation ; les *res nec mancipi*, celles dont la propriété est transférée par la simple tradition. La *cessio in jure* introduite après la loi des XII Tables était applicable tout à la fois aux *res mancipi* et aux *res nec mancipi*. Nous étudierons les effets que produisait la tradition d'une *res mancipi*. Selon qu'une chose rentrait dans telle ou telle catégorie, le mode qui servait à l'acquérir était différent ; nous chercherons à déterminer quels avantages des modes d'acquisition offraient pour la protection du croit des tiers.

CHAPITRE II

On trouve dans le droit des XII Tables six moyens d'acquérir ou d'aliéner la propriété à titre singulier. Ces six modes sont rappelés dans un précieux fragment d'Ulpien ; ce sont : « la mancipation, la tradition, l'usucapion, la *cessio in jure*, l'adjudication, la loi » (1). Tous, nous l'avons vu, ne s'appliquaient pas aux mêmes choses ; de plus, quelques-uns, employés en droit primitif, disparurent peu à peu. Les uns appartenaient au droit civil, les autres au droit des gens.

SECTION I.

MODES DU DROIT CIVIL.

I. Mancipation.

Nous constatons l'existence de ce mode dans la loi des XII Tables, mais il remontait certainement beaucoup plus haut ; il porte l'empreinte d'un droit matériel et symbolique, qui devait exister dès l'origine de Rome.

Il serait difficile de dire à quelles formalités ce mode avait été d'abord soumis ; il est très probable cependant

(1) Nous étudierons peu ce mode d'acquisition, l'hérédité et les lois agraires n'entrent pas dans notre sujet.

que celles qui l'entourent à l'époque classique ne sont
que la reproduction fidèle des premières, ou du moins doivent les rappeler. La *mancipatio* était une *imaginaria venditio per œs et libram*, nous dit Gaïus, c'est dire quelle était
l'image du mode de vente usité chez les anciens Romains. C'était une cérémonie symbolique qui réclamait
la présence de l'acheteur, du vendeur et de cinq témoins accompagnés d'un porteur de balance (*libripens*).
Celui qui voulait acquérir prenait la chose ou un symbole
de la chose des mains de l'aliénateur, en prononçant des
paroles solennelles : « *Hanc ego rem ex jure quiritium meam
esse aio, eaque mihi empta esto, hoc œre œneaque libra* ».
Aux premiers temps de Rome, le *libripens* pesait le métal
qui figurait le prix ; cette pesée était alors la seule façon
de déterminer la valeur de la prestation fournie par l'acquéreur ; plus tard on se contenta de frapper la balance
d'un morceau de métal. C'était le symbole de l'opération
primitive.

Quant aux cinq témoins, ils représentaient les cinq
classes du peuple Romain (1). Aulu-Gelle les appelle
classici testes.

Les parties devaient se trouver primitivement en présence de la chose à manciper, cette obligation persista
toujours pour les meubles, on ne pouvait en manciper
plusieurs à la fois (2). Le droit romain intermédiaire
permet de manciper des immeubles situés à distance,
cette faculté n'existait pas sous la royauté. La première

(1) Festus, v° *Nuncupata*.
2. Gaïus, I, § 121. Gide, *Revue historique du droit franc. et étranger.* Année 1870, p. 74.

partie de la formule de la mancipation était en effet analogue à la formule de la revendication sous le règne des actions de la loi (1), or la revendication primitive supposait les parties en présence de la chose revendiquée.

Pour que la mancipation fût efficace, il fallait que la transmission de propriété fût actuelle et définitive et ne pût être subordonnée à une condition. La formule était exclusive de toute adjonction d'un terme ou d'une condition (2).

Pure création du droit civil, la mancipation ne pouvait avoir lieu entre toutes personnes, celles-là seulement qui avaient le *jus commercii*, c'est-à-dire le droit d'acheter et de vendre, pouvaient l'employer. C'étaient les citoyens romains, les latins coloniaires et juniens et ceux d'entre les pérégrins à qui ce droit avait été concédé. Le vendeur et l'acquéreur devaient être présents à l'acte, ils ne pouvaient se faire représenter. L'esclave pouvait bien figurer au nom de son maître, mais leurs personnalités juridiques se confondaient.

La mancipation ne s'appliquait qu'à des choses déterminées par la loi et qui seules en étaient susceptibles, on les désignait par suite du nom de *res mancipi*. Ulpien (3) nous en donne une énumération qui comprend : 1° Les immeubles italiques (ou ayant le *jus italicum*) bâtis ou non bâtis ; 2° les servitudes rurales seulement ; 3° les esclaves et les animaux domestiques « *quœ dorso collove domantur* ». La mancipation d'une *res nec mancipi* était dénuée

---

1. Gaïus, IV, § 16.
2. Comp. *Fr. Vat.*, § 47-50.
3. Ulpien, *reg.* XIX, §§ 1 à 4.

d'effet (1) et la propriété d'une *res mancipi* était trans-férée par le seul effet de la mancipation non suivie de tradition. Celui qui avait figuré comme acquéreur d'un immeuble obtenait le *dominium*, il avait le droit le plus complet le *jus utendi, fruendi, abutendi atque vindicandi* dans le sens le plus étendu.

Telles étaient les formes solennelles de la mancipation. « L'accomplissement de ces formalités, dit M. Giraud (2), en même temps qu'il donnait la preuve authentique de la transmission, opérait l'investiture du droit de propriété. Dans les temps anciens la preuve testimoniale en était la seule justification, plus tard on en dressa des *tables* (3). »

Ce mode de transmission de propriété avait emprunté ses formes solennelles à la loi politique et à la loi religieuse. L'autorité publique était représentée par les cinq témoins « *classici testes* » pour indiquer que le droit de propriété était placé sous la garantie de l'État, quand il était acquis par un mode du droit civil. La loi religieuse était représentée par le *libripens* qui fut peut-être un prêtre à l'origine, comme certains auteurs le veulent (4). La mancipation était par ses solennités si conforme au génie romain, qu'elle s'appliqua, non seulement aux mutations à titre onéreux mais encore aux mutations à titre gratuit. Les testaments eux-mêmes furent assujettis à cette forme, quand ils cessèrent d'avoir celle d'une loi *co-mitiale* (5).

1. Cicéron, *Topiques*, § 10.
2. *Le droit de propriété*, p. 228.
3. Varron de Lingua. *Lat.* V. § 163, page 46. Muller.
4. Varron, *De ling. lat.*, § 183. Cicéron, *de legibus*, § 20-22. Ter-tulien, *Adversus Marcionem*, cap. VI.
5. Ulp. *reg.* Gaïus, *Instit.* Cicéron, *de legib.*, §§ 11, 20, 21.

La tradition d'un fonds ne suffisait pas à investir réellement un citoyen de la propriété, elle ne donnait qu'une propriété toute spéciale, l'*in bonis*, propriété qui n'était pas garantie par le droit civil.

La mancipation donnait à l'acquéreur et aux tiers toutes les garanties de publicité que pouvait comporter l'état de la société romaine. Elle ne pouvait s'expliquer que par le désir de rendre l'acquéreur propriétaire. L'aliénateur et l'acquéreur doivent être présents, le *libripens* prêtre ou officier public constate la transmission.

Les conditions intrinsèques de la mancipation, montrent que le déplacement de propriété était rendu public; on ne peut manciper en bloc plusieurs meubles ou plusieurs immeubles, grâce à cette prescription, aucun doute ne peut s'élever sur le nombre des biens qui sortent du patrimoine de l'aliénateur pour entrer dans celui de l'acquéreur. Le transfert était actuel et définitif, il ne pouvait être subordonné à aucune condition, aussi la plus grande certitude existait-elle après l'acte. L'aliénateur n'était plus propriétaire, même s'il restait en possession. On consolidait la propriété, dit M. Esmein, avec ce luxe de précautions le doute n'était guère possible.

II. *Cessio in jure.*

Le premier mode de transfert de la propriété, la mancipation, que nous venons d'étudier, s'opérait devant de simples citoyens; elle était l'image de la vente primitive *per aes et libram* et consistait dans l'accomplissement de formalités rigoureuses. La *cessio in jure* était, elle aussi, une fiction, mais la fiction de l'action en revendication qui existait sous le système des actions de la loi. C'était devant le magistrat que se faisait la *cessio in jure*. Les parties se rendaient à Rome devant le préteur, dans les provinces, devant les présidents, et là, celui qui voulait devenir propriétaire prononçait ces paroles : « *Hunc ego hominem ex jure Quiritium meum esse aio.* » S'il s'agissait d'un immeuble le mot *fundum* remplaçait le mot *hominem*. Le vendeur ne contredisait pas cette prétention, son silence était constaté par le magistrat qui déclarait le revendiquant propriétaire, *addicebat*. (1)

Pour opérer ce mode d'aliénation, il fallait la présence de trois personnes, celle qui cédait la chose l'*in jure cedens*, celle qui revendiquait, *vendicans* et enfin le magistrat, *qui addicebat*. La *cessio in jure* appartenait à la juridiction gracieuse, le magistrat pouvait y procéder même en dehors de son tribunal, par exemple en se rendant au bain, au théâtre. La présence d'un licteur n'était pas nécessaire et le président de la province pouvait y procéder même avant d'arriver dans son ressort, pourvu qu'il fût en dehors de Rome.

Primitivement les parties et le magistrat devaient se transporter à l'éndroit ou se trouvait le fonds à aliéner ; c'est du moins ce qu'on peut inférer d'un passage de Gaius (2), mais il est probable que cette nécessité ne dura pas longemps et que les besoins de la pratique firent autoriser le magistrat à transférer la propriété

1. Ulpien, *reg.* XIX, 9 et 10. Festus, v° *Addicere*.
2. Gaius, C. II, § 24.

sans se déplacer. Ce fut là une des nombreuses atteintes au formalisme primitif; elle ne peut nous étonner.

Les Romains n'auraient pas employé le mode de transmission dont nous parlons, s'il n'avait eu d'autres avantages que la mancipation et s'il n'avait produit d'autres effets. Il devait être certainement plus facile d'obtenir la coopération de cinq citoyens romains, que celle d'un magistrat aux attributions nombreuses et auprès duquel les parties devaient se rendre (1). Mais, la *cessio in jure*, qui qui produisait vis-à-vis des *res mancipi* les mêmes effets que la mancipation, pouvait en outre s'appliquer aux *res nec mancipi* et surtout aux choses incorporelles pour lesquelles on ne pouvait admettre ni la mancipation, ni la tradition (2).

De même que la mancipation, la *cessio in jure* transférait la propriété du droit civil le *dominium*, de même qu'elle, elle ne pouvait transférer la possession (3). Par conséquent elle ne pouvait s'appliquer aux fonds provinciaux. Ces fonds étaient bien *res nec mancipi*, mais en droit rigoureux les détenteurs de l'*ager publicus* n'avaient d'autre titre légal que leur occupation de fait.

La capacité des personnes qui pouvaient employer la *cessio in jure* était la même que pour la mancipation.

Une certaine publicité résultait de l'*in jure cessio*, ce mode d'aliénation devait se faire publiquement, devant le magistrat. Cependant, c'était nous l'avons dit, un acte

1. Il s'agit d'une *legis actio* le *legatus* ou *délégué* du magistrat ne peut le représenter (L. 2, § 1 *de off. proc.* I, 16).
2. Seules les servitudes rurales étaient comprises parmi les *res mancipi*.
3. Gaius, C. II, § 204.

de juridiction volontaire, il n'était pas nécessaire pour sa validité qu'il fût accompli dans un endroit déterminé. Primitivement les parties durent se faire assister de témoins, ou chercher à conserver d'une façon quelconque la preuve de l'acte; on peut supposer qu'à l'époque classique, ce simulacre de procès eut la même publicité que les instances ordinaires. Nous savons qu'à partir d'une certaine époque le jugement était prononcé de vive voix après une rédaction préalable (1). Les débats oraux étaient résumés séance tenante dans un procès-verbal (2) qu'on transcrivait ensuite avec plus de soin dans les registres judiciaires (3). Les parties pouvaient se faire délivrer copie du procès-verbal définitif (4). Nous savons encore que dans les actes de juridiction volontaire, on ne faisait que dresser acte des déclarations des parties (*acta gesta*) (5). Aucun texte ne nous dit d'une façon positive que l'on dressait acte de l'*in jure cessio*; mais pourquoi n'aurait-on pas fait pour cet acte si grave, ce que l'on faisait pour les autres actes de juridiction volontaire et pour les jugements.

Rapprochons de l'*in jure cessio* deux autres modes d'acquérir qui reçoivent certaine publicité.

L'*emptio sub corona*, sorte d'adjudication prononcée par le *magistratus* faisant fonction de chef militaire, ou par le

---

1. L. 7-44, C. *de sent. ex periculo recitandis.*
2. *Frag. Vat.* 112.
3. L. 1, C. Theod. *de off. procons.* 1, 12.
4. L. 32, § 2 *in medio* et 4 *in medio*, C. L. 7 t. 62. L. 2, C. *de edendo*, 2, 1 L. 2, C. I, 56.
5. Paul, *sent.* I. § 1, III, § 1.

quæstor, dans la vente aux enchères publiques du butin fait à la guerre.

La sectio bonorum, autre adjudication prononcée pour la vente du butin, ou pour d'autres enchères judiciaires. Comme signe que les choses vendues avaient été prises à l'ennemi, on plantait une lance à l'endroit où se faisait la vente et plus tard, ce signe servit à toutes les ventes de biens faites par l'État.

Tels étaient les modes solennels usités à Rome pour transférer la propriété. Les Romains, avaient une façon particulière de comprendre ce droit. Pour eux la propriété individuelle, quand ils l'admirent, ne fut considérée que comme une concession de l'Etat. Les moyens d'acquérir, à Rome, la propriété véritable, la mancipation, l'*in jure cessio* qui donnaient le *dominium* quand ils s'appliquaient aux fonds italiques, étaient des modes du droit civil. Il est naturel que ce droit civil sanctionne la propriété qu'il fait acquérir et que cette propriété qui émane de l'état soit garantie par les pouvoirs publics.

On a souvent accusé la législation que nous étudions, d'avoir caché, enfoui, sous un grand nombre de formalités symboliques, les actes les plus élémentaires de la vie privée. Le droit romain si clair et toujours déduisant ses solutions de principes posés avec exactitude, n'a pas conservé ces symboles, ce formalisme primitif, sans avoir des raisons suffisantes pour justifier cette conservation ; il n'aurait pas, croyons-nous, accumulé à plaisir les formalités qui compliquaient les actes les plus usités comme les ventes, si ce formalisme n'avait été qu'une procédure encombrante. Les prescriptions de la loi des XII Tables cor respondaient à une nécessité évidente de la vie pratique, elles servaient à fournir la preuve des actes, particulièrement des mutations de propriété et à éviter les fraudes qui auraient pu tromper les tiers. Citons à l'appui de cette opinion un passage d'un savant romaniste : « La propriété n'existe dans le droit civil que par la garantie de la nation, il est naturel, que la manifestation de la volonté individuelle par rapport à ces opérations (transfert de la propriété), ne pût avoir un caractère obligatoire et efficace qu'à la condition d'avoir reçu la sanction des Quirites. Il est probable que dans l'origine cette sanction était donnée par les comices. Mais plus tard on se borna à faire représenter la nation par un certain nombre de citoyens, nombre qui dans les actes les plus importants, les mancipations, correspond exactement aux cinq classes de Servius Tullius. Une sanction analogue pouvait être obtenue par l'intervention du magistrat exerçant la souveraineté nationale *in jure cessio* (1) ».

Si l'on se place à une époque plus avancée du droit la rédaction d'un écrit est de rigueur, cet écrit est soumis à des formalités rigoureuses ayant pour but d'en garantir la sincérité (2) et dans les derniers temps de l'empire, on revient aux idées originaires, en exigeant l'intervention du souverain et de ses autorités déléguées ou la transcription dans les régistres publics *gesta* et *acta*.

On entoura la transmission des choses les plus importantes *res mancipi* de solennités (3) où on fit intervenir

1. Maynz, *Cours de Droit romain*, § 34.
2. Paul, *Sent.*, V. 25, 26.
3. Walter Geschischte, t. II, p. 564, t. I, p. 36.

2

l'Etat. Cette intervention affirmait un droit supérieur et était une garantie de publicité quant aux formalités, elles rendaient plus certaine la manifestation de la volonté des parties, elles assuraient la publicité du transfert (4).

III. *Adjudication.*

L'adjudication était l'attribution faite par le juge de la part qui revenait à chacun dans une chose à partager. Elle terminait les trois actions *Familiæ erciscundæ, communi dividundo* et *finium regundorum*. Les parties qui ne s'entendaient pas pour procéder au partage d'une hérédité, pour sortir de l'indivision, ou pour fixer les limites de deux champs dont les bornes étaient perdues, s'adressaient au juge qui terminait leur différend. Ce dernier assignait à chacun sa part dans l'immeuble indivis ou déterminait les limites des héritages voisins. La sentence transférait la propriété des choses mises dans chaque lot. Ce transfert existait même dans l'action *finium regundorum*. Il pouvait arriver qu'il fût impossible de retrouver les anciennes limites, le juge en fixait de nouvelles, et attribuait aux voisins la propriété des fonds limités.

Ces actions remontent à la plus haute antiquité, comme l'indique les noms qu'elles portent et la mention qui en est faite déjà dans la loi des XII Tables. Les romains n'avaient pas posé de principe général sur la façon de sortir de l'indivision, mais ils avaient créé des actions

4. V. Giraud, *Le droit de propriété*, p. 219.

particulières pour les cas dans lesquels le besoin se faisait sentir. Il paraît du reste que dans l'ancien droit, l'adjudication ne donnait la propriété quiritaire que dans les
legitima judicia, tandis que la propriété adjugée dans un
judicium imperio continens était simplement bonitaire ou
prétorienne (1).

Il ne faut pas confondre l'*officium judicis* dans les actions que nous venons de citer; avec le rôle du magistrat
dans la *cessio in jure*. Cette dernière est un acte de juridiction volontaire, elle consiste dans la constatation d'une
déclaration faite par les parties. L'adjudication, au contraire, est une véritable sentence émanant d'un juge qui
répond à la formule délivrée par le préteur. Elle partici-
pait à la publicité qui était donnée à tous les jugements;
l'endroit ou le juge les rendait était public, accessible à
tous. Ils étaient rédigés avant d'être prononcés, les débats étaient résumés dans un procès-verbal que l'on
transcrivait sur les régistres judiciaires (2).

IV. Usucapion.

Dans tous les modes d'acquisition que nous avons
étudiés jusqu'ici, nous avons vu l'Etat, le peuple romain,
représenté par des témoins, par un magistrat, par un
juge. La nation semble ainsi garantir le transfert de la
propriété. Il pouvait arriver, qu'un citoyen possédât une
chose depuis un certain temps, sans être troublé dans sa
possession. Cette possession publique et manifeste sup-

1. Fr. Vat. 47. L. 44, 1, D. — L. 10, t. 2.
2. L. 1, C. Theod. *de off. proconsul*, L. 1, t. 12.

pléait aux autres moyens d'acquérir, car elle semblait impliquer le consentement de tous.

Ce mode d'acquérir est probablement très ancien. La loi des douze Tables le consacrait et l'appelait *usus auctoritas*, ce qui indique que le laps de temps donne à la simple possession une protection légale que la loi n'accorde ordinairement qu'au propriétaire.

L'usucapion avait un double but : 1° Rendre propriétaire celui qui avait acquis *à non domino* ; 2° Rendre propriétaire en *jure quiritium* celui qui avait acquis du véritable propriétaire une *res mancipi*, sans employer un mode d'acquisition du droit civil. En France, la prescription a un but analogue, elle rend propriétaire vis-à-vis de tous celui qui n'a pas transcrit et jusqu'à la fin du délai nécessaire pour prescrire, un tiers peut acquérir des droits qui sont opposables au possesseur. Celui qui voulait usucaper devait du reste remplir certaines conditions. Il fallait qu'il fût citoyen, *adversus hostem æterna auctoritas esto*. Il fallait que la chose fût susceptible d'être acquise, quelle fût *in commercio*. Enfin une possession continue de deux ans pour les immeubles et d'un an pour les meubles était exigée (1).

Ce bref délai de deux ans était très utile pour assurer le crédit et donner à la propriété des bases solides. Dans une société restreinte de petits propriétaires telles que la Rome antique, dit M. Esmein (2), lorsqu'une ou deux années s'étaient écoulées sans qu'aucune action eût été dirigée contre celui qui possédait une chose à titre de

1. Ulpien, reg, XIX, 8. — L. 3, D. L. 41, t. 3.
2. *Mélanges*, p. 176,

propriétaire une présomption presque invincible devait s'élever en faveur du possesseur. Il est probable que l'usucapion primitive avait lieu sans juste titre ni bonne foi. Si l'on admet cette opinion, on peut dire qu'à une époque ancienne, celui qui avait possédé un immeuble pendant deux ans pouvait être considéré par les tiers comme propriétaire quiritaire de l'immeuble et que plus tard ce possesseur, dont le titre était connu et la bonne foi prouvée était propriétaire. Nous déduirons les conséquences de ces principes.

A côté des modes de transmission de propriété qui présentent, nous l'avons montré, une certaine publicité, la religion, le droit public et les mœurs avaient introduit certaines institutions qui pouvaient, croyons-nous, guider les tiers et sauvegarder leurs intérêts.

SECTION II.

INSTITUTIONS RELIGIEUSES, CIVILES, POLITIQUES.

I. Du bornage.

L'Étrurie exerça de bonne heure son influence sur la civilisation romaine, cette influence se manifesta surtout, par le culte du dieu Terme et la limitation des propriétés. Les rites spéciaux de l'Aruspicine venus de l'Étrurie furent introduits à Rome, peut-être dès sa fondation, et tout au moins sous le règne de Numa. D'après Varron (1) le culte du dieu Terme remonterait au Sabin Tatius, il

---

1. *De ling. lat.*, V, 74.

serait contemporain de la répartition du territoire entre les trente curies. D'après Denys d'Halicarnasse et Plutarque (1), ce serait Numa qui l'aurait organisé. Le dieu Terme était considéré comme le gardien de la paix et le témoin de la justice, dit Plutarque, son culte était en grand honneur, les prêtres, chaque année, lui offraient des sacrifices.

Les terres étaient mesurées, selon des rites solennels, après la prise des auspices, et des lois sévères punissaient ceux qui déplaçaient les bornes. Ces solennités avaient des buts différents : elles empêchaient les usurpations des voisins, elles servaient de preuves dans les litiges qui pouvaient s'élever sur les limites et la propriété, en cas d'aliénation, elles renseignaient les parties sur la contenance et sur les titres du propriétaire. L'*agrimensor* dressait, en effet, un plan qui était déposé aux archives publiques et faisait foi à l'égard de tous (2). D'après Denys d'Halicarnasse, cette limitation était si utile, que Numa la rendit obligatoire pour tout propriétaire.

La loi des XII Tables qui entoura chaque fonds d'une limite imprescriptible, fit cesser l'utilité de la limitation solennelle. Plus tard, les besoins de l'agriculture firent renoncer à l'observation de cette loi qui frappait de stérilité des parcelles considérables de terrain et la loi sur les limitations reprit toute sa vigueur. Mais l'ancien culte perdit de son influence, les prêtres augures furent dépos-

1. Denys d'Halicarnasse, II, 74. Plutarque, Numa, 16.
2. Sicul. Flaccus, *De condit. agror.* V. Giraud, *Le droit de propriété*, p. 117.

sédés de leur emploi et remplacés par une classe d'hommes de pratique dont la profession était de procéder aux opérations de bornage. On les nomma *mensores, agrimensores, finitores*. Leur corporation fut très considérée, grâce aux services qu'elle rendait et grâce au savoir de ses membres. Après l'opération de la limitation, l'*agrimensor* dressait une espèce de plan *œs, forma* de la parcelle limitée. Ce plan était déposé dans les archives soit impériales (1), soit des municipes (2). L'*agrimensor* était responsable de l'exactitude du plan, à ce point de vue il était considéré comme fonctionnaire public et ceux qui altéraient ce monument authentique étaient punis par la loi Julia *de peculatu* (3). Il fallait une sanction sévère pour faire respecter ces actes auxquels la foi publique était due. « *Hic tamen quidquid instituerunt, curandum erit ut fide publica œstimetur* », dit Siculus Flaccus (4).

Les *agrimensores* s'occupaient aussi bien de l'arpentage, de l'*ager publicus* que de l'*ager privatus*, ils tenaient le cadastre de l'État. Leur corporation semble avoir perdu son ancien prestige à l'époque où vécut Cicéron, ce dernier appelle celui dont il parle *Decempedator, Metitor, Finitor*, expressions peu honorables, mais Ulpien et les jurisconsultes qui l'ont suivi ont la plus haute estime pour les *agrimensores*; Théodose et ses successeurs leur donnent le titre de *viri spectabiles* et en font des fonctionnaires considérés.

1. Voy. Siculus Flaccus, éd. Goez, p. 16 et Hygin, p. 193.
2. Voy. Pitiscus, V° *Tablinæ et Nic. Regalt. notœ in fin. regund auctores, ad calcem Goesii*.
3. D. L. 11, titre 6. Et L. 8, D. *Ad legem Juliam de peculatu*. L. 48, t. 53.
4. Sicc. Flaccus, p. 16.

Il y eut donc de tout temps à Rome, une classe d'hommes dont la profession était de mesurer les champs, d'en fixer les limites, d'en dresser des plans déposés dans les archives publiques. Assurément ce mesurage devait attirer l'attention des tiers, les plans déposés aux archives pouvaient leur donner des renseignements utiles, sur la contenance, sur les voisins, et peut-être sur le propriétaire. Mais il ne nous est pas permis d'affirmer une publicité plus grande, aucun texte ne dit à quelles époques ce mesurage se faisait. Etait-ce seulement quand il y avait contestation sur les limites du fonds ? Le rôle des *agrimensores,* et leurs écrits nous semblent trop importants pour l'admettre. Mais il nous est impossible de dire que des plans nouveaux étaient faits à de brefs intervalles, à chaque mutation par exemple. Un grand soin présidait à la désignation des limites entre les propriétés privées (1). Les bornes qui fixaient ces limites étaient de couleurs variées et portaient des inscriptions qui indiquaient le nom du territoire, celui du possesseur, l'étendue de la terre. *Titulos finitis spatus positos qui indicent cujus agri, quis dominus quod spatium tueatur* (2). Cet usage se conserva au Bas-Empire.

II. Du cens.

On peut trouver quelques éléments de publicité dans le cens. La division du peuple romain en centuries re-

(1) Loi Mamilia citée par Siculus Flaccus, p. 339. Cette loi est de 589 de Rome.

(2) Sic. Flaccus, *op. cit.,* p. 9. Cf. Ulpien, D. 50, 15, 4.

monte à Servius Tullius, elle classait les citoyens selon leur fortune, et, donnait le premier rang aux plus riches dans les assemblées politiques et dans l'armée (1).

D'après Tite-Livre, le cens servait à apprécier et a constater la fortune de chacun. Selon Denys d'Halicarnasse, tout citoyen devait se présenter devant le magistrat chargé de dresser les tables du cens et déclarer son nom, son âge, le nom de ses père et mère, de sa femme et de ses enfants, l'endroit où il habitait, et enfin établir, sous la foi du serment, le montant de sa fortune en énumérant toutes les propriétés qui la composaient (2). Une sanction sévère assurait la régularité des déclarations, les *incensi*, c'est-à-dire ceux qui ne se présentaient pas devant le censeur, devenaient esclaves et étaient vendus au profit du trésor public (3). Du reste, chaque citoyen avait le plus grand intérêt à établir le montant de sa fortune; de son inscription au cens dépendaient le droit d'élection et la participation aux affaires publiques. La déclaration portait sur tout ce qui composait le patrimoine du citoyen, et il est certain que le cens énumérait la fortune officielle de chacun. Le patricien qui aurait voulu se dépouiller clandestinement de son bien ne l'aurait pas pu, l'intérêt poussait l'acheteur à faire connaître son acquisition, à l'annoncer aux censeurs afin d'obtenir des droits supérieurs. De plus, l'inscription sur les registres du cens transféra la propriété romaine et la liberté.

1. Tite-Live, Liv. I, chap. XLII.
2. V. *Tabula censualis* donnée par Dureau de La Malle. *Economie politique des Romains*, 1er vol. et Ulpien, D. L. 4, L. 50, t. 15.
3. D. L. 4, § 10, L. 49, t 16.

Aucun fonds ne devait figurer deux fois sur les tables du cens et il était facile aux censeurs de vérifier la vérité des déclarations, en se reportant aux mancipations et aux cessions *in jure*, aux adjudications, dont la publicité a été établie plus haut.

Les tables contenaient le nom de chaque fonds, *fundum Cornelianum, fundum Tusculanum*, on sait que cet usage de déterminer exactement chaque héritage était très répandu chez les Romains ; de cette façon, il était difficile que la même propriété figurât deux fois sur les registres. Le cens était la description du cadastre dressé par les *agrimentores* et dont nous avons déjà parlé. Outre l'indication des parcelles, il contenait une estimation détaillée de chacune, la nature des cultures, le nombre des récoltes faites dans les dix dernières années, le nombre des ceps, des oliviers, plantés sur le fonds, la valeur des récoltes faites, soit qu'il s'agisse d'un champ ordinaire, d'une vigne, d'un pré, d'une plantation d'oliviers (1).

Les particuliers étaient obligés, à une certaine époque, d'apporter leurs titres de toutes espèces aux censeurs, qui contrôlaient l'exactitude de leurs déclarations, un texte de Cicéron nous le prouve : « Que les censeurs observent la loi de bonne foi et que les particuliers leur apportent leurs actes », dit le grand orateur (2).

---

1. Dig. L. 4, L. 50, t 15, *De censibus.*—L. 16, 41, 1 — 7, 43, 12. — Cod. Liv. XI, tit. 57.

2. *De legibus*, III, 3 et 4. Nous savons que dans ce livre, Cicéron fait le tableau d'une République idéale, mais il résume souvent les anciens usages et les anciennes lois des Romains.

Le cens n'existait pas seulement à Rome, les villes municipales de l'Italie avaient le même mode de contrôler la fortune des citoyens : « Vous demandez les registres publics d'Héraclée ? Nous savons tous qu'ils ont péri dans l'incendie des archives. « *Tabulas Heracleensium, incenso tabulario, interisse scimus omnes* », dit Cicéron (1). Ailleurs encore, il cite les registres publics qui énuméraient les propriétés de toute l'Italie et de la Sicile.

Ces registres étaient tenus avec exactitude et rédigés jour par jour, une division par chapitres et par pages numérotées en assurait la clarté. Une inscription trouvée à Cœré en 1548 et rapportée par Gruter (2) et par Orelli (3) nous l'apprend : *Commentarium cotidianum municipii Cœritum inde pagina XXVII kapite VI, inde pagina VIII kapite primo.*

Cette exactitude dans la tenue des registres du cens et du cadastre est facile à justifier, si l'on se rappelle que ces registres servaient à ranger chaque citoyen dans telle ou telle classe et à percevoir les impôts (4). Un passage de Florus prouvera ce que nous venons d'avancer : « *Summaque regis Servii solertia ita est ordinata respublica, ut omnia patrimonii, dignitatis, œtatis, artium officiorumque discrimina in tabulas referrentur, ac si maxima civitas minimœ domus diligentia contineretur.* » (5).

Quelle utilité les tiers pouvaient-ils tirer de l'institution que nous venons de décrire ?

1. *Pro Archia*, ch. IV.
2. Nos 214 et 215.
3. *Select. inscr.*, n° 3787.
4. Cod. Just., C, 1, L. 9, t. 41.
5. Florus, L. I, cap. VI.

Les censeurs, nous l'avons déjà dit, tenaient des rôles de tout ce qui intéressait la fortune et le crédit des citoyens, de plus, ils contrôlaient les mœurs. Cette magistrature fut d'abord confiée aux consuls, elle fut plusieurs fois supprimée, puis rétablie. A la fin de la République, nous la voyons exister. Sous l'Empire, le cens fut maintenu, son importance politique diminua, mais il garda son importance économique et civile.

Les régistres des censeurs n'étaient un moyen de crédit, une garantie pour les tiers, que si ces tiers avaient le droit de les consulter avant d'acquérir, de prêter. Le citoyen, en les compulsant, pouvait-il savoir, au moins d'une façon approximative, si celui de qui il achetait était le vrai propriétaire du bien vendu ; si celui qui sollicitait un prêt avait des biens suffisants pour garantir le remboursement des sommes demandées ? Si cette publicité de fait des registres du cens n'existait pas, leur utilité pour la protection des intérêts des tiers, pour l'extension du crédit public, ne peut être invoquée ; nous ne trouvons là qu'une institution politique, utile seulement pour le classement des citoyens, la répartition des impôts et la levée des troupes.

Les textes sont muets sur cette question de savoir si les registres des censeurs étaient publics, aucun d'eux ne permet d'affirmer la publicité. Faut-il dire que les particuliers étaient privés d'un moyen si précieux de garantie ? Nous croyons au contraire que tout citoyen pouvait, par l'intermédiaire des tribuns du peuple, connaître les livres du cens. Deux textes serviront à appuyer cette opinion : Juvénal nous apprend que l'intervention des tribuns était fréquente dans les affaires privées (1).

Il nous reste à démontrer que les tribuns pouvaient à leur gré consulter les livres des censeurs. Si ce droit leur appartenait, il est évident que tout citoyen sur le point d'acheter un fonds, de consentir un prêt, aura le plus grand intérêt à s'adresser au tribun pour avoir tous les renseignements possibles sur la propriété du vendeur, la solvabilité de l'emprunteur. Cicéron nous affirme ce droit du tribun de prendre connaissance des registres du cens : « *Persequitur, in tabulis censoriis, totam siciliam nullum ædificium nullos agros relinquit* (2). » Il parcourt toute la Sicile dans les registres du censeur et n'omet aucun édifice, aucune terre.

Mais ce qui réduisait beaucoup les avantages que l'on pouvait tirer des Tables du cens, c'est que ces tables n'étaient dressées que tous les cinq ans, à l'entrée en fonctions du nouveau censeur. Les renseignements, que l'on pouvait y puiser, dataient quelquefois de plusieurs années. Quelques passages cités plus haut, semblent bien indiquer que des modifications pouvaient être apportées aux tables après chaque mutation, c'était l'intérêt de l'ancien propriétaire et du nouveau de faire une déclaration au censeur; mais ces déclarations étaient-elles faites ? nous n'oserions l'affirmer.

1. Satire VII.
2. Cicéron, *De lege agraria*, I, 2

III. Des registres domestiques.

D'autres habitudes, d'autres mœurs des Romains étaient utiles au crédit public et à la protection du droit des tiers. Nous voulons parler du développement de l'obligation littérale (*litterarum obligatio*) et de l'usage général des registres privés (1).

Je copie M. Ortolan : « Chez un peuple dont le fonds du caractère, surtout à l'origine, avant le mélange avec toutes les nations, fut la sévérité des mœurs, le compte et le ménagement parcimonieux du patrimoine souvent jusqu'à l'avarice, l'esprit juridique jusqu'au culte du procès ; chez un pareil peuple, ce devint une habitude nationale, quand les lettres furent introduites et répandues, que chaque chef de famille tînt un registre domestique dans lequel il consignait, jour par jour, ses opérations, ses revenus et ses bénéfices, ses dépenses et ses pertes de toute nature. Ce registre portait le nom général de *tabulæ* ou de *codex*. L'austérité et la foi primitives donnèrent un caractère de sanction presque religieuse et publique à ces tables domestiques. Les auteurs classiques témoignent en maints endroits du soin avec lequel on les rédigeait et du crédit qu'on y attachait. »

Pour rédiger exactement leurs *tabulæ*, les Romains prenaient dabord leurs notes sur une sorte de brouillon men-

---

(1) V. Savigny, *Ueber den litteral contract der Rœmer*, et la dissertation de M. Ortolan, *Explication historique des Institutes*, t. II, p. 219, 5e édit.

suel appelé *adversaria* où les notes s'inscrivaient sans ordre méthodique, telles qu'elles se présentaient, et, c'était de là que régulièrement tous les mois les mentions qui devaient être consignées dans les *tabulæ* y étaient reportées avec ordre et méthode.

Ces registres eurent, pour la formation du contrat, une grande importance, quand les romains connurent l'obligation littérale; nous n'avons pas à nous occuper de ce point de vue.

Ces *tabulæ* formaient de plus en justice un élément de preuve, ils étaient croyons-nous un moyen de crédit. Entre plusieurs acquéreurs successifs d'une même chose vendue et livrée par un même propriétaire, entre plusieurs créanciers hypothécaires en contestation sur la date des hypothèques, les registres privés pouvaient établir l'antériorité de l'un des titres. Il semble aussi, que tout acquéreur, tout prêteur pouvait vérifier sur les livres privés du vendeur, de l'emprunteur, depuis quand, et par suite de quel rapport juridique une chose était entrée dans leur patrimoine. Il estimait d'une façon approximative, nous le voulons, mais d'une façon suffisante la garantie que lui offrait la fortune de l'emprunteur. Il pouvait savoir si tel bien était ou non dans le patrimoine du vendeur. Le refus de communiquer les *tabulæ* eût été pour les tiers un avertissement suffisant.

Mais cet usage de la comptabilité privée, ces registres, témoins fidèles de l'état des fortunes, tenus par les anciens Romains avec une exactitude religieuse, ces livres dont tout prêteur, tout vendeur, tout acquéreur pouvait demander la production, qu'aucun citoyen ne peut refuser

d'exhiber sans confesser par là même sa gêne ou son insolvabilité, sont peu à peu abandonnés sousl'empi re et
perdentl'importance qu'ils avaient au temps de Cicéron(1).

IV. Protection des créanciers contre l'insolvabilité des débiteurs.

Malgré l'espèce de publicité qui résultait des modes
de transférer la propriété, des registres du cens, des titres des particuliers, des cérémonies anciennes du bornage, il pouvait arriver qu'un acquéreur fût trompé par
un vendeur de mauvaise foi, que la propriété vendue eût
été déjà transférée à un premier acquéreur. Le second
acquéreur, dans ce cas, ne devenait pas propriétaire de
l'immeuble acquis et perdait le plus souvent le prix, la
mauvaise foi du vendeur n'étant qu'un moyen de se procurer de l'argent. Mais ces fraudes avaient été réprimées
au moyen de pénalités sévères. Le droit romain primitif
venait au secours des créanciers frustrés. On a dit que le
débiteur sans moyens devenait corporellement la propriété de son créancier, que s'il avait plusieurs créanciers, ceux-ci pouvaient, en cas de non paiement, le tuer
et le partager. Cette loi a-t-elle existé? Un auteur latin
nous l'affirme, mais il dit qu'il n'a pu retrouver aucun
exemple de son application : « *Dissectum esse antiquitus,
neminem neque legi, neque audivi ; quoniam sævitia ista pœnæ»
contemni non quita est* (2) ». Il est certain que le créancier
put vendre le débiteur comme esclave ou le maintenir

1. *In Verrem actio II, lib.*, 1, § 23.
2. Aulu-Gelle, *Nuits attiques*, XX, 1.

enfermé, les cachots des patriciens furent souvent remplis par les débiteurs insolvables; cette contrainte amena des rébellions dont le Forum et le Mont-Sacré furent le théâtre.

Une sanction analogue protégea les créanciers hypothécaires, les Romains édictèrent contre les stellionataires des peines terribles. Les gens de condition inférieure qui se rendaient coupables de ce crime étaient condamnés aux mines, les autres, *qui sunt in aliquo honore positi*, subissaient la relégation temporaire, étaient exclus de leur ordre (1).

Nous ne parlons pas des diverses actions que le créancier peut toujours intenter contre son débiteur, cette question sort du cadre de notre étude.

___

1. L. 4, C. *De crimine Stellionatus*

SECTION III.

SITUATION DES TIERS.

Au point où nous en sommes arrivés, il est peut-être intéressant d'examiner dans quelle situation se trouve le tiers qui désire acquérir un fonds, et de voir où il peut puiser des renseignements sur la propriété de celui qui détient l'immeuble.

En se reportant aux tables du cens et du cadastre, il pouvait savoir quel était le propriétaire au moment où les tables avaient été dressées, et si on admet que chaque mutation était notée sur ces livres publics, à toute époque le tiers savait qui était le véritable propriétaire. Si l'on n'admet pas ces corrections, on peut toujours affirmer, que sachant qui était propriétaire à une époque déterminée qui ne pouvait être éloignée que de cinq ans, il était facile de savoir, grâce à la publicité de la mancipation et de la *cessio in jure*, si l'immeuble avait changé de maître. De plus, l'acquéreur pouvait demander au vendeur, propriétaire lors de la confection du cens et du cadastre, d'ouvrir ses livres privés, il y trouvait toutes les mentions relatives à un fonds déterminé. Pour exiger la production des livres, l'acquéreur n'avait qu'à faire de cette production, la condition *sine qua non* du contrat.

Le bref délai de l'usucapion était encore un moyen permettant au tiers de connaître le titre du vendeur. Un citoyen avait-il possédé, pendant deux ans, il était, au moins dans le très ancien droit, considéré comme propriétaire (1). Plus tard il devait ajouter à sa possession un juste titre et la bonne foi, mais il était facile de savoir s'il avait le *justus titulus* et la bonne foi était toujours présumée.

Si le vendeur avait possédé la chose pendant deux ans, après l'avoir acquise par tradition il était *Dominus in jure Quiritium*.

Enfin, celui qui voulait devenir créancier hypothécaire pouvait, en consultant les registres privés, connaître les hypothèques antérieures consenties par le débiteur et tout au moins sa situation pécuniaire. Ce créancier pouvait aussi connaître les constitutions d'hypothèques faites par des *instrumenta publice confecta* dont nous parlerons (2), il pouvait en exigeant un acte semblable, acquérir une situation préférable à celles de ceux dont la créance était constatée par des actes privés, *idiocheira*.

Les tiers n'obtenaient ainsi que des renseignements, sur la propriété de celui avec qui ils se proposaient de contracter, ils n'arrivaient qu'à une quasi-certitude sur la valeur des droits qu'ils se proposaient d'acquérir. La publicité telle que nous l'entendons n'existait pas à Rome, celui qui était devenu propriétaire, n'avait à remplir aucune formalité pour s'assurer la propriété et prévenir les tiers. Cependant les formalités que nous avons décrites et celles que nous décrirons, en poursuivant cette étude, étaient regardées comme suffisantes puisque les Romains,

1. V. M. Esmein, *loc. cit.*
2. C. 11 au Code, L. 8, t. 18.

dont l'esprit étaient si fertile en conceptions juridiques,
n'ont jamais établi sauf peut-être pour les donations
une publicité véritable. Il leur eût été cependant facile
d'assurer cette publicité en annulant toute transmission, non relatée sur les registres publics.

CHAPITRE III.

SECTION I.

Tradition.

Peu à peu, la mancipation et l'*in jure cessio*, avec leur appareil symbolique, tombèrent en désuétude. Le nombre toujours croissant des pérégrins, l'extension de la domination romaine sur les provinces de l'Italie et plus tard sur les pays barbares, firent consacrer un mode de transfert de propriété plus simple, la tradition. Ce mode s'appliqua aux *res mancipi* et aux *res nec mancipi*, aux fonds italiques et aux fonds provinciaux ; il a cependant des effets différents, selon qu'il s'agit des uns ou des autres. Nous étudierons la tradition, ses applications aux *res mancipi* et aux *res nec mancipi* en insistant surtout sur la forme.

Qu'il s'agisse d'un fonds italique ou d'un fonds provincial, les conditions de la tradition sont les mêmes.

La tradition offre un contraste frappant avec la mancipation et la *cessio in jure* ; ce mode d'acquisition n'exige l'emploi d'aucune formalité. La présence de témoins est indifférente pour sa validité. La tradition se fait entre le débiteur et le créancier sans aucune solennité (1).

---

1. V. Ihering sur les actes formels et les actes non formels. *Esprit du droit romain*, t. IV.

La tradition est la remise de la possession, cette possession peut se définir : « Le pouvoir physique que l'homme exerce sur une chose. » Elle se compose de deux éléments, l'*animus rem sibi habendi* et le *corpus*.

La remise de possession pouvait être opérée dans des buts différents, suivant l'avantage que l'une des parties voulait procurer à l'autre. De là deux espèces de traditions : la *nuda traditio*, qui consiste à remettre volontairement à un tiers la détention matérielle de la chose, sans abdiquer l'*animus domini*. Cette tradition est faite par un bailleur à son locataire, par un propriétaire à l'usufruitier. L'autre espèce de tradition, simplement appelée par les interprètes *traditio*, consiste dans la translation volontaire de la possession véritable. Cette tradition était la seule capable de transférer la propriété, elle nécessitait, comme la *nuda traditio*, la remise du *corpus*, mais différait de cette dernière par l'élément intentionnel. Il fallait, pour qu'il y eût mutation, que l'intention d'aliéner existât chez le *tradens* et celle d'acquérir chez l'*accipiens* (1).

Remise de la possession et volonté d'aliéner et d'acquérir, telles étaient les deux conditions qui devaient se présenter dans la tradition pour qu'il y eût mutation de propriété.

La première de ces conditons supposerait un contact physique de la chose, il faudrait toucher un meuble, marcher sur le champ que l'on veut s'approprier, ou tout au moins avoir la chose sous les yeux. Ce contact physique

1. Ulpien, XIX, § 7. — L. 31, pr. *De acq. rer. dom.* — L. 41, t. 1. — L. 55, *De obl. et act.* — L. 44, t. 7.

a pu être nécessaire à une époque primitive et qu'il est difficile de déterminer exactement (1), mais les jurisconsultes classiques le répudient ; pour eux, la prise de possession consiste seulement dans la faculté physique d'user et de disposer de la chose dès que l'on voudra. Il n'y aurait du reste rien d'extraordinaire à trouver la tradition entourée de formalités qui devaient disparaître, toutes les institutions romaines furent, à leur origine, soumises à des règles strictes.

Dans certains cas, la prise de possession est réalisée par un contact réel de la chose ; dans d'autres, cette prise de possession est dispensée de ce contact. Certains auteurs ont prétendu que la prise de possession avait alors lieu par acte symbolique ; à côté de la tradition réelle, ils ont vu une tradition feinte. L'école des auteurs, qui soutient cette distinction entre les deux espèces de tradition, est de beaucoup la plus considérable, mais il s'en est formé une autre, d'après laquelle, le droit romain aurait connu la règle que la possession pouvait s'acquérir par un simple acte de volonté, théorie, croyons-nous insoutenable en présence des textes et surtout de la loi 20, C. de pactis.

Cette opinion écartée, doit-on distinguer entre ces deux espèces de traditions ? L'une d'elle exista-t-elle avant l'autre ?

Les différents auteurs qui ont traité la question s'accordent sur un point : que la tradition soit réelle ou feinte, il y a acquisition de possession. Tout revient à sa-

2. L. 1, § 21, *De acq. vel amit. poss.* L. 41, t. II.

voir, si la règle est que l'appréhension doit être réelle et l'exception qu'elle peut être feinte, ou s'il n'y a dans toutes les hypothèses que différentes applications d'un seul principe que l'on peut formuler de la manière suivante : « Pour qu'il y ait prise de possession, il suffit que le nouveau possesseur ait la possibilité physique d'agir immédiatement sur la chose et d'en écarter toute action étrangère » (1).

Nous pouvons remarquer d'abord, que les cas où le premier système veut voir des exceptions sont beaucoup plus nombreux que ceux où il trouve une application de la règle. Le contact matériel de la personne et de la chose est souvent impossible à réaliser et les textes nous montrent qu'alors même que cette impossibilité matérielle n'existait pas, il n'était pas accompli. Cela arrivait, notamment, dans la tradition d'un objet faite par la remise des clefs de l'immeuble où cet objet se trouvait enfermé.

De plus, si on regarde la tradition feinte comme une innovation, comme un adoucissement aux anciennes règles supposées de la tradition réelle, il faut, pour prouver cette innovation, dire vers quelle époque elle s'est produite. Or, rien, dans les textes, ne fait allusion à cette modification et cependant les jurisconsultes ont noté avec soin toutes les modifications qui ont été apportées à la théorie de la possession. Citons un exemple remarquable en matière de possession immobilière. On sait, que la conservation de la possession exigea longtemps le *corpus*

1. Savigny, *Traité de la Possession*, trad. Faivre d'Audelange, p. 214.

et l'*animus* ; mais quand la règle inverse prévalut, avec quelle attention, avec quel soin les jurisconsultes l'imposent et la développent (1).

Les textes nous parlent indistinctement, dans l'acquisition de possession, de cas où il y a contact matériel de la personne avec la chose et de cas où ce contact n'existe pas. La possession est en général acquise de la manière que l'on donne pour symbolique. Nous n'irons pas cependant jusqu'à dire, avec M. de Savigny (2), que « pour les fonds de terre, l'acquisition symbolique devait avoir lieu généralement. » Le savant jurisconsulte nous donne pour le prouver des raisons peu plausibles. « La partie qui n'a pas été foulée aux pieds n'est pas censée être naturellement appréhendée. » Cet argument tendrait à restreindre trop le nombre des cas où il peut y avoir appréhension réelle, puisque cette appréhension n'existerait, que si toutes les parties de l'immeuble ou du meuble subissaient le contact de celui qui prend possession.

Il est du reste remarquable que les passages où les jurisconsultes romains parlent de l'acquisition de possession sans contact matériel et immédiat de la personne et de l'objet, ne se rapportent pas à des hypothèses spéciales, mais qu'ils établissent au contraire une règle générale : « *Non est enim corpore et actu apprehendere possessionem, sed etiam oculis et affectu,* » nous dit Paul au Digeste (3).

On peut donc affirmer que les Romains n'ont pas

1. Cons. L. 6, § 1. D. L. 41, t. 2. — L. 3, § 13. D. 41, t. 2. L. 46, *cod. tit.* L. 1, § 25. D. 43, 16.
2. Savigny, *loc. cit.*, p. 213.
3. L. 1, § 21, D. L. 41, t. 2.

connu, primitivement, une tradition réelle qui ait été modifiée plus tard et remplacée par un tradition feinte. La tradition a été introduite en droit romain comme mode d'acquisition du droit des gens. La mancipation, la *cessio in jure*, actes propres au droit romain, revêtaient des formes positives et strictes que le droit civil put conserver avec un soin religieux. Au contraire, les actes qui étaient en usage chez les autres peuples, la vente, le louage, etc., n'étaient pas soumis à des formes positives et nous ne voyons aucune raison pour que ces formes fussent exigées pour la tradition quand elle fut introduite.

Disons donc avec M. Savigny que ce n'est pas le contact matériel qui constitue le *corpus*, élément physique de la possession; c'est la faculté de disposer de la chose(1). Cela est si vrai que l'on peut parfaitement supposer le contact matériel sans la faculté de disposer, et alors il n'y a pas acquisition de possession.

La tradition qui transferait la propriété comprenait : 1° la faculté de disposer de la chose ; 2° la volonté d'aliéner chez l'une des parties, chez l'autre celle d'acquérir, c'est la *justa causa traditionis*.

Il ne faut pas confondre la *justa causa* avec le motif qui peut amener la remise de la chose, ce motif peut être une vente, un legs *per damnationem*, etc. La *justa causa* n'est pas un acte juridique, c'est, si nous pouvons nous exprimer ainsi, une intention des parties. Si quelqu'un fait tradition, croyant y être obligé par une vente, un legs, l'*accipiens* ne devient pas moins propriétaire ; la

1. V. Savigny. *op. cit.*, § 14.

tradition a son second élément, l'intention de rendre propriétaire, elle transfert la propriété, le *tradens* n'a plus l'action en revendication, mais il peut agir contre l'*accipiens* par une action personnelle, la *condictio indebiti*.

Du reste, ce second élément de la tradition, l'*animus*, n'a que peu d'importance pour notre sujet, nous n'insisterons pas.

SECTION II.

Applications de la tradition.

Pour que l'acquéreur devienne propriétaire de l'immeuble, il suffit que le *tradens* autorise l'*accipiens* à disposer de l'immeuble (1). Ce *tradens* peut, du reste, manifester sa volonté à distance par messager (2). Il n'est pas nécessaire, pour la perfection de la tradition que les parties se transportent près du fonds à transférer. Il y a tradition, nous dit un texte, si le vendeur montre à l'acheteur l'immeuble qui se trouve à une faible distance (3). D'après les glossateurs, ce n'est pas le contact corporel, mais la perception par les sens, qu'il faut considérer comme le fait nécessaire dans la tradition. Il y aura *traditio longa manu* quand l'appréhension se fera à distance (4). Ces divers modes d'acquisition, sans contact matériel et surtout la *traditio longa manu*, étaient sans doute les plus usités et formaient la règle pratique.

1. V. Savigny, *Traité de la possession*, p. 217.
2. L. 48, D. L. 41, t. 2. — L. 77, D. 7, 1.
3. L. 18, § 2. D. 41, 2.
4. L. 79, D. 46 , 3.

Dans une certaine mesure on pourrait dire que ces rendez-vous de l'acquéreur et du vendeur, l'entrée en jouissance du nouveau propriétaire, les changements qu'il pouvait faire dans le mode de culture, donnaient à la mutation certaine publicité et attirait l'attention des tiers. Mais, il ne faut pas exagérer l'importance de ces actes extérieurs, ils étaient du reste identiques, qu'on voulût livrer le fonds soit à un acquéreur, soit à un fermier, soit à un créancier en nantissement. Les tiers ne pouvaient se fier à ces indices quand ils les connaissaient, ce qui arrivait peu souvent. Bien peu soucieux de ses intérêts eût été celui qui se serait avisé de traiter avec le propriétaire présumé, sans contrôler son titre d'une autre façon. On peut conclure de ces remarques que les Romains n'ont jamais été inspirés par des idées de publicité.

La tradition n'était, dans tous les cas que nous avons énumérés, qu'un fait pouvant fournir certaines probabilités aux tiers. Dans les cas qui nous restent à étudier, la tradition ne se manifestait par aucun acte extérieur.

Primus, qui est le locataire de la maison de Secundus, ou qui est fermier de son champ, ou qui détient un immeuble comme créancier nanti, achète la maison, le champ; il deviendra propriétaire sans qu'aucun fait nouveau ne s'accomplisse, par cela seul que l'immeuble restera entre ses mains après la vente : « *Pro tradita erit accipienda, si post emptionem apud eum remansit* » (1).

Dans ces cas, la seule volonté remplace la tradition et

1. L. 9, § 9, D. L, 12, l.1.—L.9, § 1, D. 6.2.—L. 21, § 1, D.41 1.

suffit à transférer la propriété. Gaïus s'exprime ainsi à ce sujet : « *Sine traditione, nuda voluntas domini sufficit ad rem transferendam* » (1). Cependant, l'opinion du grand juris-consulte semble exagérée, la tradition ne disparaît pas complètement, puisque les parties ont la volonté d'ac-quérir et celle d'aliéner. Il serait, croyons-nous, plus juste de dire qu'un des éléments de la tradition disparaît et que l'élément intentionnel, l'*animus domini*, suffit. Du reste, l'acquéreur avait avant le contrat le *corpus*, puis-qu'il détenait la chose ; après le contrat les volontés de l'acquéreur et du vendeur se réunissent, complètent la tradition. Cette espèce de tradition a été désignée par les commentateurs sous le nom de *traditio brevi manu*, ex-pression que l'on trouve dans un texte du Digeste (2).

On peut citer d'autres cas où la tradition passe ina-perçue. Primus est propriétaire d'un immeuble, il le vend à Secundus, mais convient en même temps qu'il gardera le fonds comme fermier ou usufruitier. Avant l'aliéna-tion, il détenait l'immeuble comme propriétaire, après l'aliénation il le détiendra à titre précaire et au nom de Secundus. Les faits extérieurs sont les mêmes après l'alié-nation qu'avant, ils ne peuvent se révéler aux tiers. Un des éléments de la tradition manque, l'une des parties a bien l'intention d'abdiquer la propriété, l'autre celle de devenir propriétaire, mais le nouveau propriétaire n'a pas matériellement la chose entre les mains, la détention reste toujours aux mains du vendeur (3).

1. L. 9 § 5, D. 41, 1.—Inst. Jus. § 44, *De divisione rerum.*
2. L. 43 § 1, D. 23, 3.
3. L. 77, D. 6, 1. — C. 28, C. 35 § 5, C. L. 8, 1. 54.

Quelques interprètes ont dit qu'il y avait là une fiction qui consisterait dans une tradition de Primus à Secundus et une remise de possession à Primus, mais aucun texte ne faisant allusion à cette fiction, il est plus simple d'expliquer le mécanisme de cette tradition, par la règle qui dit que l'on peut posséder pour autrui.

L'opération que nous venons de décrire a reçu le nom de constitut possessoire. Le constitut fut admis de bonne heure, un texte de Marcellus nous apprend qu'il était en usage de son temps (1). Les Romains paraissent n'avoir pas compris combien cet acte double est dangereux pour les tiers. En matière de donation, l'intérêt des tiers frappa davantage leur esprit ; aussi, la théorie du constitut possessoire fut-elle longue à implanter sous Constantin, la donation n'était pas parfaite s'il y avait eu constitut possessoire, la tradition effective était exigée. Une constitution de 316 exige, en outre, pour que la donation soit valable, une certaine publicité que nous aurons à étudier (2). Une constitution de Théodose, 415, est encore plus explicite (3) et pour trancher les difficultés qui pouvaient s'élever en cette matière, il décida deux ans plus tard, 417, que la rétention d'usufruit équivaudrait à la tradition (4). Les donations et les contrats à titre onéreux sont alors soumis à la même règle.

Ce qu'il faut remarquer, c'est que dans le constitut possessoire, comme dans la tradition *brevi manu*, la tra-

---

1. L. 19, pr. D. L. 41, t. 2.
2. L. 1, Code Theod., *de donationibus*, 8, t. 12.
3. L. 8, Code Theod., *eod. tit.*
4. L. 9, Cod. Theod. L. 7, t. 12. — L. 28, C. Just. 8. 54.

dition est complètement occulte, aucun indice ne peut la révéler aux tiers, rien ne frappe les regards dans ce mode de transmission.

Telles sont les règles qui régissaient la tradition en droit romain. Si nous les envisageons au point de vue spécial qui nous occupe, la publicité, nous pouvons dire qu'elles différaient absolument des règles de la mancipation et de la *cessio in jure*. La tradition, dans sa notion primitive, protégeait certainement les droits des tiers d'une façon imparfaite. Ils pouvaient connaître le contact matériel de la personne et de la chose, mais ce contact ne fut jamais obligatoire, il devint de plus en plus rare. Quand la tradition feinte et le constitut possessoire étaient employés, et ils l'étaient fréquemment, la publicité disparaissait. Si on étudie à l'époque classique les mutations de propriété par acte volontaire, on voit que ces mutations de propriété n'étaient accompagnées d'aucun signe extérieur. Quand Caracalla eut accordé le droit de cité à tous les habitants de l'empire, quand Justinien eut assimilé les *res mancipi* et *nec mancipi*, l'occultanéité presque complète régna en notre matière.

La tradition était devenue le mode de transmission de la propriété le plus usité; elle ne portait en elle-même aucun élément de publicité. A Athènes, au contraire, que de formalités! Formalités antérieures à la vente, formalités postérieures, publications et inscriptions. La transmission était connue de tous ceux qui avaient intérêt. Quelle différence aussi entre le droit athénien et le droit romain sur ce point. A Athènes le contrat suffisait pour transférer la propriété et c'était lui qui était public. Cette différence n'avait aucun effet pour la protection des intérêts des tiers, il importe peu que la publicité soit attachée à un contrat translatif ou à la mutation qui suit le contrat. Les Grecs étaient sortis les premiers du principe matérialiste, base du droit romain, ils étaient arrivés par une généralisation savante aux principes que le Code civil posa après de longs siècles.

Cette différence entre le droit grec et le droit romain ne doit pas trop nous étonner; en Grèce, le crédit fut de bonne heure très favorisé, les institutions qui lui sont nécessaires pour exister furent perfectionnées, elles sont restées à Rome dans le néant. Le génie des deux grands peuples nous donne l'explication de cette différence. Les Romains étaient à l'origine un peuple d'agriculteurs et de guerriers, le territoire peu étendu qu'ils habitaient, leur vie sur le forum, leurs modes primitifs de transmission, suffisaient à la garantie des droits des tiers. Plus tard, la propriété territoriale fut facile à acquérir; au milieu des guerres civiles et des dissentions intestines dont l'histoire est celle des lois agraires, elle perdit de sa valeur: « La propriété était mise en question, les riches voulaient tuer les pauvres et les pauvres tuer les riches; et les deux parties ou plutôt les deux factions des riches et des pauvres s'étaient déclaré une guerre à outrance où corps et biens devaient périr faute de vaincre, c'était la lutte d'une société nouvelle contre une société vieillie » (1). Quelle garantie pouvait-on songer à donner aux tiers quand le droit de chacun était subordonné à l'issue

1. Giraud, *Droit de propriété*, p. 181. *Histoire du droit romain*, p. 208.

d'un combat, à un vote, quand les mercenaires de Sylla menaçaient les propriétés privées(1). Ces disputes firent de la terre une richesse incertaine et périlleuse, toujours prête à s'échapper des mains de ceux qui la détenaient; il n'est pas étonnant que la législation civile ait imparfaitement protégé une valeur qui, dans ces temps, loin d'être la base de la confiance, ne donnait que de perpétuelles inquiétudes.

Au contraire le commerce florissait à Athènes; l'hypothèque, ce puissant instrument de crédit n'apparaît que tard à Rome, elle y est toujours imparfaite, elle porte sur les meubles aussi bien que sur les immeubles ; ce droit du créancier hypothécaire n'est pas sûr, le premier créancier seul peut vendre. A Athènes, l'hypothèque est réglementée, son assiette est restreinte, elle ne porte que sur les immeubles, le droit du créancier certain, il sait la valeur de la sûreté qu'on lui offre. Une borne, quand il s'agit d'un champ, une table de pierre pour une maison, lui indiquent: les créanciers qui seront payés avant lui, la somme pour laquelle il sera primé, la date des prêts qui ont été consentis au débiteur(2). La publicité qui entoure les mutations à Athènes ne peut nous étonner, elle servait de base au régime hypothécaire et par conséquent au crédit.

1. Plutarque, *Vie de Sylla.*
2. Cons. sur ces points. *Le Crédit foncier à Athènes,* de M. Caillemer, 1866 et du même auteur: *Les institutions commerciales au siècle de Démosthènes. La lettre de change et le contrat d'assurances.*

4

SECTION III.

PREUVES DE LA TRADITION.

I. Les acta.

Cependant, pour déterminer avec exactitude quel fut le caractère des mutations de propriété, il ne suffit pas de considérer les règles du droit civil, il faut encore étudier certains usages, certaines habitudes qui, au moins à partir d'une certaine époque, furent mis en pratique. Les Romains remédièrent par certaines institutions aux inconvénients qui découlaient de l'occultanéité des transmissions. Certaines formalités usitées en pratique eurent pour résultat de rétablir en fait une publicité disparue des règles du droit.

Il n'est pas aisé, même avec tout ce que nous possédons de textes sur la législation Romaine, de déterminer, d'une façon précise, à quelle époque on a commencé à insinuer les actes de droit privé. Mais, plusieurs raisons nous font croire que cet usage n'était pas encore en vigueur aux premiers siècles de Rome, sauf ce que nous avons dit des mancipations. Les formalités des actes juridiques nous sont connues et nulle part, dans les textes, nous ne trouvons l'enregistrement mentionné comme condition nécessaire à la validité ou à la preuve de l'acte. L'affranchissement par la vindicte n'a jamais exigé la confection d'un écrit (1), l'affranchissement par le cens, inconnu de tout temps dans les provinces, cessa d'être en usage à Rome même sous l'empire. *Censu manu mittabatur*

1. L. 26. Code 16, L. 7. *de liber-causa.*

olim dit Ulpien (1). L'adoption se faisait par vente fictive s'il s'agissait d'adopter une personne *alieni juris*. Le futur adopté était-il *sui juris*, il fallait consulter le collège des pontifes qui rendait une *lex curiata*. « *Si te lege curiata apud pontifices ut moris est adoptarem* » dit Tacite (2). Les donations entre vifs ne furent réglementées que par la loi Cincia, avant cette loi, elles étaient soumises au formalisme habituel de la mancipation.

Quand l'écriture se répandit dans le monde romain, les parties furent maîtresses de consigner ou non par écrit les conventions qui intervenaient, cet écrit souvent corroboré par la présence de témoins citoyens Romains et pubères avait tous les caractères de ce que nous appelons aujourd'hui un acte sous seing privé, en tout cela nulle trace d'enregistrement.

Il est cependant certain, que sous les premiers empereurs, il existait des archives destinées à recevoir et à conserver les actes privés (3). Ces archives étaient appelées *Tabulæ publicæ* (4) *Tabulæ communes municipum* (5) ou *commentarii publici* et plus tard *Gesta* ou *Acta*. L'enregistrement de ces actes privés portait au IIIᵉ siècle le nom de *recitatio, publicatio* pour les testaments et *insinuatio* pour tous les actes en général (6).

Un texte classique prouve ce que nous avançons : *Ne eo*

1. Reg. tit. I, § 8.
2. Tacite. *Hist.*, I, 15.
3. Paul, *Sent.*, L. IV, tit. 6, § 1ᵉʳ.
4. Haubold *Ant. Rom.*
5. Bronzes de Malaga,*Rub.*, 63 et 67.
6. *Frag. Vat.* § 112, 266. —C. 1, Code 6, 32.

loci sedeant,quo in publico instrumenta deponuntur,archio forte vel grammatophylacio (1) » il est probable qu'une minute de l'acte devait rester dans les archives. Un autre passage du Digeste nous montre une autorité publique coopérant à un acte de droit privé et lui donnant des garanties sérieuses. « *Curent magistratus cujusque loci testari, volentibus et se ipsos et alios testes vel signatores præabere; quo facilius negotia explicentur et probatio rerum salva sit* (2) ». Quand un particulier veut s'assurer la preuve d'un contrat ou de quelqu'autre acte juridique, le magistrat municipal doit lui prêter son concours comme témoin et même apposer sa signature à l'acte. On pourrait nous opposer,que ce texte ne parle que de testaments reçus par le magistrat, nous croyons que l'on peut lui donner un sens plus étendu, *testari* s'applique souvent à des actes autre que le testament et la fin du texte *quo facilius negotia explicentiur* montre qu'il faut donner un sens général aux prescriptions qu'il contient.

Souvent,les actes qui constataient les ventes et les mutations de propriété étaient dressés par des *tabelliones.* Ces *tabelliones*, n'étaient pas des fonctionnaires publics et leur ministère n'était pas imposé aux parties, mais, l'habitude qu'ils avaient de s'occuper des affaires privées et la science qu'ils acquéraient les faisait appeler souvent. Plusieurs écrits dressés par ces sortes de notaires nous ont été conservés ; ces *instrumenta* datent du V° et du VI° siècles, mais il est probable que longtemps aupa-

6. L. 9, § 6. D. 48, 19,
7. L. 22. *de test.* D. 22, 5.

ravant les Romains avaient adopté l'usage dont nous parlons, Spangenberg nous cite des actes de vente suivie de mancipation (1).

Le tabellion était le plus souvent assisté de témoins qui signaient l'acte, leur nombre ne semble pas avoir été primitivement déterminé. Justinien en exige trois ou cinq (2). Nous pouvons considérer cet assistance des témoins comme un élément de publicité.

Quelquefois, cet acte passé devant le tabellion n'était pas considéré comme suffisant par les parties et pour donner plus d'authenticité à leur acte, elles avaient recours à la curie et aux magistrats municipaux. Les textes qui nous sont parvenus nous indiquent les formalités usitées. L'acheteur adressait à la curie une demande appelée *epistola traditionis* et reproduisant l'acte de vente. Cette demande était lue, sur l'ordre du magistrat municipal, devant la curie qui déléguait des *viri notabiles*. Ces derniers se rendaient auprès du vendeur et se livraient à une sorte d'enquête, lui demandant s'il reconnaissait la vente, s'il avait fait tradition, s'il ne faisait aucune opposition à l'acte qui avait été présenté. Une sorte de procès-verbal de cette enquête était alors dressé par un greffier appelé *exceptor curiæ*. La curie était de nouveau appelée à se prononcer, les magistrats municipaux approuvaient l'acte de vente ou de tradition et ordonnaient que *l'instrumentum* fût déposé dans les archives dont nous avons parlé, *apud acta publica* (3). On rencontre dans les textes

1. Spangenberg, *Modus conficiendi acta*, p. 233.
2. Nov. LXXIII. Spangenberg, *op. cit.*, p. 52, 236, 252, 46 et suiv.
3. Spangenberg, p. 46 et suiv.

des formules consacrées et peut-être solennelles prononc-
cées par le magistrat : « *Gesta tibi edantur ex more* » « *His
gestis apud me habitis suscripsi et rocognovi.* »

Les *gesta* ou *acta* ne servaient pas seulement à conserver les actes privés, comme les ventes, les traditions, les
donations, les testaments et autres actes civils, ces registres publics contenaient l'interrogatoire des inculpés (1).
On y inscrivait les adoptions (2), les plaintes contre les
exacteurs (3), les reconnaissances faites par les marins
que les marchandises qui leur étaient confiées étaient
de bonne qualité (4), etc. Ces registres étaient tenus par
des magistrats qui cumulaient les fonctions civiles judiciaires et administratives.

Du reste, le visa des actes et leur enregistrement n'é-
taient pas accomplis partout par les mêmes fonctionnaires. D'après Spangenberg ces magistrats étaient ou supérieurs, ou d'ordre inférieur comme ceux des curies municipales. A Rome et à Constantinople la formalité
était exécutée par le *magister census* (5). En province dans
les chefs-lieux, le gouverneur était chargé de cette fonction. Il déléguait ses pouvoirs à des fonctionnaires spéciaux, l'*actuarius* assisté d'*adjutores*. Dans quelques cités
la rédaction des *acta* était attribuée au corps municipal
présidé par le *defensor civitatis* (6). L'enregistrement s'y

1. Code Théod., l. 5 et 6, 9, 2.
2. Code Théod., l. 2, 5, 1.
3. Code Théod., l. 3, 11, 8.
4. Code Just., l. 1, 11, 22.
5. Code Théod., l. 4, 4, 4.
6. Code Théod., l. 151, 12, 1.

faisait en présence de trois *principales* par les soins d'un *exceptor*, qui fut quelquefois appelé *amanuensis*.

Les formalités que nous avons énumérées, cet usage qui s'était introduit de faire dresser un acte par des hommes spéciaux et de le faire enregistrer chez certains fonctionnaires où il restait déposé, la présence de témoins et de magistrats nombreux, avaient surtout l'avantage de conserver la preuve du contrat et de la tradition, mais on peut dire qu'ils donnaient aussi certaine publicité. Ces formalités étaient, il est vrai, facultatives pour les parties, elles pouvaient ne dresser aucun acte, n'appeler aucun témoin ; mais il est peu probable que dans la pratique, on négligeât de se procurer les preuves de la transmission.

La publicité resta, semble-t-il, soumise au bon plaisir. Cependant une constitution de Constantin, rapportée au titre de la Vente, semble édicter le contraire (1). L'empereur veut que le contrat soit fait d'une façon solennelle : « *Contractus solemniter explicatur.* » Il est défendu de le conclure dans des endroits retirés : « *Nec inter veditorem et emptorem solemnia in exquisitis cuniculis celebrentur,* » même s'il s'agit de chose de peu d'importance : « *Etiamsi subsellia ut vulgo aicunt scamnia vendantur.* » Mais, il ne faut pas faire dire au rescrit plus qu'il ne veut dire, on pourrait l'interpréter dans un sens impératif et subordonner la validité de la vente et de la tradition à leur publicité, ce serait renverser la théorie des Institutes et cette conséquence montre qu'il ne faut pas aller aussi

---

1. Code Theod. L. 2, L. 3, tit. 1.

loin; ce texte contient plutôt un simple conseil que l'empereur donne aux parties. Peut-être ce rescrit, laissant de côté les intérêts civils, était-il une disposition administrative et fiscale ne portant aucune atteinte à la validité de l'acte. Constantin, dans la première partie du fragment, parle de la perception des impôts, la seconde partie que nous reproduisons plus haut ne serait qu'une prescription nécessaire pour faciliter la perception. A l'époque de Constantin, les impôts sont lourds, les petits propriétaires les supportent avec peine et cherchent à tromper le fisc en tenant les mutations secrètes, l'empereur veut obvier à ces fraudes en prescrivant la publicité. Une punition sévère attend ceux qui tromperaient les collecteurs d'impôts. Le vendeur perdra sa chose et l'acquéreur le prix. On peut dire, cependant, que ce rescrit protège les tiers puisqu'il édicte la publicité des actes ; grâce à cette *inspectio fiscalis* et *publica*, ils pourront savoir si l'immeuble est sorti du patrimoine du vendeur [1].

Signalons en outre trois chartes constatant l'usage de l'enregistrement en Italie avant la chute de l'empire d'occident. La première est une transmission d'immeubles « *Rogamus ut jubeatis, a polipticis publicis nomen prioris domini suspendi et nostri dominii adscribi. Gesta quoque allegationis atque traditionis nobis, cum vestra subscriptione ed[i] jubete.* » [2] La seconde et la troisième sont des actes de donations [3].

A l'origine, on eut donc volontairement recours à l'en-

---

1. C. f. Godefroy, *Commentaire du code Théodosien,* — Fr. Vat. 35.
2. Terrasson, *Veter. juris. rom. monumenta,* p. 462.
3. Mabillon, *De re diplom.* p. 462. *Maffei Istoria diplom.* p. 144.

registrement, pour un grand nombre d'actes tels que la
vente, l'échange, la tradition, afin sans doute d'en conserver la mémoire, car un acte privé pouvait aisément
être égaré ou dénié (1). Cette formalité prévenait ces
pertes, en conservant les textes des actes. « *In archium
redigatur,ut si quando exemplum ejus interciderit, unde peti
possit.* » (2) Elle donnait à l'acte un caractère probant :
« *Gesta quæ sunt translata in publica monumenta habere volumus perpetuam firmitatem* » (3). Elle empêchait les contestations et les fraudes (4).

Mais, ce ne fut là qu'un moyen indirect de protéger
les tiers, le but véritable de cette institution ne fut que
de conserver la preuve des actes et de rendre plus facile
la perception de l'impôt. A partir de Constantin, l'insinuation est obligatoire pour les donations, elle sert à conserver les actes, mais c'est aussi une mesure de publicité.

1. Savigny, *Hist. du droit Romain au Moyen-age,* trad. Guenoux,
Ch. II, § 27.
2. Paul, *Sent.* IV, 6, § 1.
3. Code, L. 6, VII, 52.
4. Nov. 73, cap. 7, *Siquis* et Nov. 167.

SECTION IV.

EFFETS DE LA TRADITION.

La tradition, quant à ses effets, diffère suivant qu'elle s'applique à une *res mancipi* ou à une *res nec mancipi*. Elle ne transférait pas la propriété quiritaire des *res mancipi*; au contraire, elle transférait la propriété des *res nec mancipi*. Cette différence disparaît au temps de Justinien, quand s'efface la distinction des *res mancipi* et *nec mancipi* (1).

Nous devons maintenant étudier les effets de la tradition appliquée aux *res mancipi* et *nec mancipi*, au sol italique et aux fonds provinciaux.

I. Effets de la tradition des «res nec mancipi» et spécialement des fonds provinciaux.

On sait que le sol romain se divisait en fonds italiques et en fonds provinciaux. Les terres que s'étaient partagées les premiers Romains n'étaient pas soumises aux mêmes lois que celles qui étaient le fruit de la conquête. Ces dernières avaient formé l'*ager publicus*, elles furent peu à peu concédées, envahies. Le droit que les particuliers acquéraient sur ces fonds est difficile à déterminer.

1. Loi unique, Code, VII, 25.

« C'est une propriété privée, mais non quiritaire, tenue de l'État sous la réserve d'un domaine éminent et sous la condition du paiement d'une redevance » (1). Le *jus italicum* fut du reste peu à peu attribué aux fonds provinciaux.

A beaucoup d'égards, les fonds italiques différaient des fonds provinciaux, mais la différence la plus grande qui existait entre eux, et, pour nous la plus importante, est celle qui tient au mode d'aliénation. La mancipation et l'*in jure cessio* ne s'appliquaient pas aux fonds provinciaux, ils ne pouvaient se transmettre que par tradition. La mancipation, en effet, ne pouvait transférer que des *res mancipi* ; quant à l'*in jure cessio*, l'acquéreur devait, dans le simulacre de procès, prononcer des formules solennelles, affirmer qu'il était propriétaire *ex jure quiritium*, ce qui eût été impossible pour un fonds provincial, l'État en étant seul propriétaire (2). La distinction des fonds italiques et provinciaux, absolue à l'époque classique, s'affaiblit peu à peu et Justinien finit par les confondre.

La tradition était donc le mode de transmission qui faisait acquérir la propriété des fonds provinciaux, elle pouvait bien être employée pour transférer celle des fonds italiques, mais alors l'*accipiens* n'acquérait pas le *dominium*.

On sait qu'à Rome le contrat ne faisait acquérir qu'un droit personnel, une créance. L'acheteur, après la vente,

---

1. M. Garsonnet, *Locations perpétuelles*, p. 133 ; Cicéron, **Adversus Rullum**, I. 4.
2. Gaius, C. II, § 7-21.

n'était pas propriétaire, il n'était que créancier du vendeur ; pour devenir propriétaire, il devait exiger une transmission par un des modes que nous avons indiqués : « *Traditionibus et usucapionibus non nudis pactis dominia rerum transferuntur* » (1). Le jurisconsulte vise certainement dans son texte les choses dont les particuliers ont la pleine propriété, mais la règle posée s'applique certainement aux fonds provinciaux. La vente ne dessaisit pas l'aliénateur de la propriété de la chose, elle crée seulement une obligation au profit de l'acheteur. Quelles sont les conséquences de ce principe ? Après le contrat, l'acquéreur n'étant pas propriétaire, n'a pas l'action en revendication, il n'est que créancier et comme tel armé d'une action personnelle *ex empto* contre le vendeur. Si le vendeur vend une seconde fois l'immeuble, en fait tradition, le second acquéreur sera considéré comme le véritable propriétaire : « *Quoties duobus, in solidum prædium jure distrahitur : manifesti juris, est eum cui priori traditum est in detinendo domino esse potiorem* » (2).

Cette règle est tout à fait générale selon nous ; cependant quelques auteurs ont prétendu que son application cesse si le second acquéreur n'est pas de bonne foi, s'il a su que la chose a été vendue ; « dans le cas où le vendeur avait vendu la chose au second acquéreur, le premier pouvait quelquefois revendiquer la chose, c'était lorsque le second acquéreur était de mauvaise foi et qu'il avait contracté avec le vendeur en connaissant la pre-

1. L. 20, C., *de pactis.*
2. Cons. Humbert, *Revue historique,* t. I, p. 470.

mière vente. Le respect des Romains pour la bonne foi, qui était la base la plus solide de leur droit, leur avait fait admettre cette dérogation aux principes » (1). Cette opinion ne semble pas devoir être admise. Aucun texte ne peut lui servir d'appui, tous sont généraux et ne distinguent pas entre le second acquéreur de bonne ou de mauvaise foi. Le caractère de l'action en revendication ne permet pas de donner cette action à un simple créancier. En vain invoquerait-on à l'appui de cette doctrine l'opinion de Pothier : « L'effet de la tradition, dit-il, est de faire passer en la personne de l'acheteur la propriété de la chose vendue (en supposant évidemment remplies les conditions nécessaires : propriété chez le *tradens*, capacité d'aliéner, paiement du prix ou actes équivalents). De là il suit que si le propriétaire d'une chose, après l'avoir vendue, la livrait de mauvaise foi à un second acheteur, c'est ce second acheteur qui en est propriétaire » ; et il ajoute : « Le premier n'aurait qu'une action personnelle, contre le vendeur, pour les dommages et intérêts résultant de l'inexécution du contrat et il ne pourrait la répéter contre le second acheteur qui l'aurait achetée de bonne foi ; *inscius prioris venditionis* » (2). Pothier se place dans l'hypothèse la plus naturelle, celle où l'acquéreur est de bonne foi ; on a dit, par conséquent, *a contrario*, si ce second acquéreur est de mauvaise foi, c'est le premier qui aura l'action en revendication. Cet argument a la faiblesse ordinaire des arguments *a contrario* ; nous avons vu que les principes généraux du droit poussent à

2. Duverdy, *Revue historique*, t. I.
1. Pothier, *Vente*, nos 318-319. Edit. Bugnet, t. III, p. 132.

adopter l'opinion contraire. De plus, Pothier n'a pas, dans le passage que nous venons de citer, l'intention d'examiner d'une façon approfondie la législation romaine, le jurisconsulte ne cherche que des exemples dans le droit romain. Dans les passages où Pothier étudie le droit romain, il interprète la loi *Quoties* sans distinguer entre l'acquéreur de bonne ou de mauvaise foi (1).

La suite du passage cité plus haut montre bien du reste comment il doit être interprété. Pothier parle de l'action paulienne et dit : « Cependant, les créanciers même chirographaires peuvent encore suivre les biens de leurs débiteurs entre les mains de l'acheteur, dans un cas, savoir lorsque leur débiteur, étant insolvable, les a vendus en fraude et que l'acheteur a été participant à la fraude, ayant eu connaissance de l'insolvabilité de son vendeur. » C'est pour arriver à étudier l'action paulienne que Pothier distingue l'acquéreur de bonne foi de l'acquéreur de mauvaise foi, ce n'est pas pour déterminer auquel des deux acquéreurs successifs, appartiendra l'action en revendication.

Nous pouvons donc dire que, de deux acquéreurs d'un même immeuble, celui qui avait reçu la chose le premier par tradition, mancipation, *cessio in jure*, était préféré, quelle que soit la date des contrats, que l'acquéreur soit de bonne foi ou non, Le droit romain différait beaucoup du droit français à ce sujet (2), peut-être les tiers

1. *Pandectes*, L. XLI, t. I, nos 62 et suiv.
2. Art. 1138 et 1583 Cod. civ. Art. 3, L. du 23 mars 1855.

trouvaient-ils dans cette différence un moyen de protection.

Chez nous, le contrat seul transfert la propriété. Une personne peut vendre deux fois un fonds sans que les tiers en soient avertis. En était-il de même à Rome ? Certainement non ; le transfert ne résultait que de l'accomplissement d'un mode spécial. Il était en général facile au second acheteur de savoir, avant de payer son prix si la chose avait été livrée à un autre. La tradition était le plus souvent un acte, nous ne dirons pas public, mais au moins apparent.

On y appelait des témoins, les *agrimensores* bornaient primitivement le champ, la mutation était portée sur les registres du cens, les registres privés du vendeur en faisaient mention, enfin, à partir d'une certaine époque, on prit l'habitude de dresser acte des mutations, de conserver ces actes dans des archives. De plus, une certaine publicité nécessaire à la perception de l'impôt fut exigée sous Constantin (1).

Pour qu'un tiers acquéreur soit trompé, il faut qu'il paye le prix d'une chose précédemment vendue et livrée à un autre. Deux cas peuvent se présenter. Ou bien le premier acquéreur est de bonne foi, ou bien il s'entend avec le vendeur pour tromper les tiers.

Si le premier acquéreur est de bonne foi, il paye son prix, entre en possession ouvertement pour s'assurer le bénéfice des interdits et se procure les preuves de la tradition, afin de ne pas être évincé par un tiers qui pré-

1. Frag. Vatican., § 35.

tendrait avoir, lui aussi, reçu tradition. De plus, cet acquéreur de bonne foi, devenu propriétaire, préviendra toujours le tiers acquéreur auquel le vendeur voudrait livrer le fonds.

Il pouvait arriver que, dans le but de frauder les tiers et de toucher deux fois le prix, le vendeur s'entendît avec l'acheteur pour que la tradition fut tenue aussi secrète que possible ; alors aucun témoin n'était appelé, aucun acte n'était dressé, le vendeur ne faisait pas mention de la tradition sur ses registres privés, une tradition feinte ou *longa manu* transférait la propriété. Mais, après toutes ces précautions, un procès va s'engager entre le tiers acquéreur qui a payé son prix et pris possession au vu et au su de tous, et le premier acquéreur qui n'a aucun moyen de prouver sa propriété. Assurément, de ces deux acquéreurs successifs, celui-là triomphera qui aura la preuve de l'accomplissement de la tradition.

Le tiers acquéreur qui, par hypothèse et s'il a été prudent, est en possession réelle, qui détient la chose, aura les interdits, il établira la preuve de la tradition par témoins ou par un écrit dont l'exactitude matérielle ne pourra être contestée. A une certaine époque, tout au moins, cet acte lui sera d'un grand secours ; il le faisait triompher si le premier acquéreur ne produisait que des preuves testimoniales ; cette opinion s'appuie sur plusieurs textes : « *Census et monumenta publica potiora testibus esse senatus censuit* (1) ». « *Gesta quæ sunt translata in publica monumenta habere volumus perpetuam firmitatem* » (2).

1. L. 10, D. 22, 3.
2. L. 6. Code, *De re judic.*, 7, 52. LL. 30, 31 Code, 8, 53.

« *Testes adversus scripturam interrogari non possunt* », et la loi 1 au Code, *De testibus*, ainsi restituée par Cujas : « *Contra scriptum testimonium, non scriptum testimonium non fertur.* »

Ou bien le premier acquéreur aura acquis les preuves de sa propriété, et alors les tiers connaîtront le plus souvent la tradition et ne contracteront pas avec le vendeur. Ou bien le premier acquéreur n'aura reçu qu'une tradition qu'il ne saurait prouver et alors le second acquéreur gardera l'immeuble.

On sait de plus qu'à Rome, l'acquéreur ne devenait propriétaire qu'après avoir payé le prix ou donné caution de ce paiement. Si le premier acquéreur recevait la tradition et ne payait pas le prix, il n'était pas propriétaire, et le second acquéreur qui entrait en possession après avoir payé le prix devait lui être préféré. Ce paiement du prix était encore un élément de publicité. Le premier acquéreur eût été bien imprudent de ne retirer aucune preuve de son paiement, soit en appelant des témoins, soit en faisant faire mention du paiement dans les écritures privées du vendeur, soit enfin en exigeant une quittance dressée par un *exceptor publicus* ou *tabularius*, et jointe à l'acte de tradition déposé aux archives.

Si on suppose un premier acquéreur colludant avec le vendeur pour tromper les tiers, ou bien il ne paiera pas le prix et ne devenant pas propriétaire, le tiers acquéreur qui aura exigé la tradition après avoir payé le prix, le deviendra. Ou bien il paiera le prix et sera propriétaire ; mais est-il bien raisonnable de supposer qu'un *accipiens* remettra son argent à un homme qu'il sait de mauvaise

5

foi, sans s'armer de preuves contre lui, afin de n'être pas dépouillé plus tard de la chose. Ne craindra-t-il pas de perdre en même temps l'immeuble et le prix. Il aura tout intérêt, pour avoir ces preuves, à rendre publique la mutation.

Ou bien la tradition était rendue publique par les modes que nous avons indiqués et les tiers étaient avertis. Ou bien la tradition était occulte, alors il était difficile de l'opposer aux tiers qui avaient pris possession de la chose et qui pouvaient user des interdits.

Il était possible cependant, de tromper les tiers en acquérant des preuves de la mutation tout en la tenant secrète, mais ce résultat devait être difficile à obtenir.

Ajoutons que le tiers acquéreur pouvait être protégé par l'action Paulienne, mais seulement dans le cas où la tradition n'était faite au premier acquéreur qu'après la seconde vente.

II. Effets de la tradition des res mancipi et spécialement des fonds italiques.

Les modes de transmission qui s'appliquaient aux fonds italiques étaient la mancipation et la *cessio in jure,* ces deux modes seuls faisaient acquérir la propriété pleine de ces fonds, le *dominium in jure quiritium.* Si une *res mancipi* était simplement livrée, le *dominium* restait au *tradens,* l'*accipiens* n'acquérait qu'une propriété spéciale, il avait la chose *in bonis.* Cependant la législation romaine ne fut pas toujours la même ; le droit que l'*accipiens* acquit varia. Il faut le considérer : dans l'ancien droit, dans le droit prétorien, dans le droit classique.

Ancien droit.

Dans l'ancien droit, l'*accipiens* qui était entré en possession d'une *res mancipi* par tradition, n'acquérait pas le *dominium*, il n'avait pas l'action en revendication. Cette action restait entre les mains du *tradens* qui pouvait, ou dépouiller l'*accipiens* de la propriété, ou céder l'action à un tiers, ou manciper la chose, ou en faire l'*in jure cessio*. L'acquéreur qui avait été mis en possession par tradition ne pouvait résister au second acquéreur à qui la chose avait été mancipée ou cédée en justice. C'est là une solution conforme aux principes, mais contraire à l'équité et à la bonne foi on peut croire que les tiers avaient un moyen de s'y soustraire « *Jura vigilantibus prosunt* » telle est la maxime du vieux droit romain.

Pour échapper à la revendication du vendeur ou d'un tiers, l'acquéreur devait exiger la mancipation ou l'*in jure cessio* et acquérir le *Dominium*. Le pouvait-il ? Il pouvait, avant le contrat, stipuler le double en cas de non mancipation, mais cette stipulation ne lui procurait qu'un avantage pécuniaire. De plus, entre citoyens, rien ne s'opposait quand il s'agissait de *res mancipi*, de convenir que la tradition serait précédée, accompagnée ou suivie de la mancipation. Le seul moyen de forcer le vendeur à manciper était de stipuler le double, s'il ne mancipait pas, et de ne payer le prix qu'après l'accomplissement d'un mode civil de transfert. (1)

Si l'*accipiens* ne prenait aucune précaution, il n'acquérait pas le *dominium*. Quels droits a-t-il alors sur la chose?

Il bénéficie des fruits.

Il jouit des interdits accordés au possesseur.

Il acquiert le *dominium* par l'usucapion.

Nous ne parlerons que de ces deux derniers avantages.

Interdits possessoires.

L'acquéreur d'une *res mancipi* qui avait reçu tradition, trouvait dans les interdits une protection très efficace, soit contre le *dominus ex jure quiritium*, soit contre ceux qui tenaient de ce dernier le *dominium*. Voyons le résultat qu'il obtiendra par ce mécanisme qui fonctionne dès les temps primitifs de Rome.

L'interdit *uti possidetis* était accordé à tout possesseur contre le trouble, quelle qu'en soit la cause. Mais il faut que la possession revête certaines conditions, qu'elle ne soit ni violente, ni clandestine, ni précaire, vis-à-vis de l'adversaire, et, notre *accipiens* est bien dans ces conditions. La revendication du *dominus ex jure quiritium* sera paralysée par cet interdit.

Si notre possesseur est chassé par la violence, il est protégé par l'interdit *unde vi*, pourvu qu'il demande l'interdit dans l'année de la dépossession. Il obtenait alors la réintégration dans l'immeuble.

1. Maynz, 5, 297.

Faculté d'usucaper.

L'*accipiens* qui avait reçu la tradition d'une *res mancipi* devenait propriétaire, au vrai sens du mot, quand il avait possédé la chose pendant un certain temps. Pourquoi cette acquisition de propriété par usucapion ? Dans l'ancienne Rome, nous l'avons déjà dit, les mutations de propriété devaient se faire sous la garantie de la nation ou de l'autorité constituée. Les témoins dans la mancipation représentaient les cinq classes du peuple, le magistrat, dans l'*in jure cessio*, attribuait la propriété. L'usucapion repose sur la même idée. Quelqu'un a-t-il possédé au vu et au su de tous pendant un certain laps de temps, sa possession est sanctionnée par l'autorité publique. Cette jouissance paisible supposait le consentement de tous à la mutation de propriété qui avait encore lieu, dans ce cas sous la garantie du peuple. Mais, tandis que dans la mancipation et l'*in jure cessio* l'intervention du peuple est directe, publique, dans l'usucapion elle est tacite (1).

Droit prétorien.

Le préteur corrigea la rigueur du droit civil et vint au secours de l'*accipiens*. Le *tradens* qui, après la tradition, exerçait l'action en revendication, commettait une iniquité, il dépouillait celui qu'il avait investi de la posses-

1. V. Maynz, § 196.

sion. L'*accipiens* pouvait, il est vrai, exercer un recours personnel contre le *dominus*, par l'action du contrat, l'action *exempto*, par exemple, ou par l'*actio ex stipulatu*, mais ce recours était illusoire si le défendeur était insolvable. De plus, la satisfaction qu'il obtenait n'était pas complète. il ne pouvait conserver le bien acquis. Le préteur Aquilius Gallus créa l'exception de dol pour protéger l'*accipiens*. Comment cette protection était-elle efficace ? Au temps de Cicéron, le *dominus* intente la revendication *per formulam petitoriam* (1). A l'*intentio* de la formule ainsi conçue : « *Si paret fundum Auli Agerii esse* », le préteur ajoutera : « *Et si in ea re nihil, dolo malo Auli Agerii, factum sit neque fiat.* » Le juge ne condamnera pas le défendeur à restituer le fonds, car le droit du demandeur est anéanti par le droit invoqué.

Mais cette arme que le préteur avait donné à la bonne foi est encore bien impuissante. Elle suppose établie la preuve du dol, elle n'est pas opposable à certaines personnes telles que le patron, l'ascendant, à cause de la *reverentia* qui leur est due (2) ; de plus, et c'est pour nous le point important, elle est personnelle et ne peut être invoquée, quand le demandeur n'a pas lui-même usé de manœuvres dolosives. Dans notre hypothèse, le défendeur ne pourra écarter que le vendeur, ses héritiers, ses successeurs à titre universel, ses ayants-cause à titre gratuit. L'exception ne peut être opposée aux tiers auxquels le *tradens* aurait cédé ses droits : « *Exceptio doli personam complectitur ejus qui dolo fecit* » (3).

1. Cicéron, *Actio in Verrem*, II, 12.
2. L. 4, p. 16. D. L. 44, tit. 4.
3. L. 4, p. 33, D. *eod. tit.*

Une autre exception, l'*exceptio rei venditæ et traditæ* sup-
pléa aux défauts de l'exception de dol, l'*accipiens* put
l'invoquer contre celui qui revendiquait. Le dol était
difficile à prouver, au contraire, le fait que la chose avait
été vendue et livrée était facile à démontrer. Notre nouvelle exception pouvait être opposée même aux parents,
au patron, *concepta in rem non*, elle pouvait être opposée
aux tiers qui tenaient leurs droits du *tradens*. Tous ces
avantages firent qu'elle fut d'un usage fréquent. Le titre
qui lui est consacré au Digeste prouve qu'elle tient une
grande place dans la législation romaine. Mais, à quelle
époque fut-elle connue ?

Les textes qui nous sont parvenus, ne permettent pas
de déterminer d'une façon précise à quelle époque l'*exceptio rei venditæ et traditæ* fut introduite. On peut dire
que cette exception est postérieure à l'*exceptio doli*, elle
avait le même but que cette dernière, mais était d'une
application plus large, plus facile. La même idée présida
à l'adoption de ces deux exceptions. Protéger l'acquéreur
d'une *res mancipi* contre le vendeur et les tiers. Il faut
placer leur origine, à l'époque ou le préteur corrigea la
rigueur du droit civil et donna une large place aux principes d'équité et de bonne foi, inconnus du droit Romain
primitif.

Mais faut-il croire qu'avant l'introduction de l'exception de dol, l'*accipiens* était toujours victime de la mauvaise foi ? Le préteur touvait-il dans l'*imperium* le moyen
de le protéger. La question est douteuse et peu facile à
résoudre; nous croyons qu'à cette époque, les parties
faisaient des stipulations accessoires au contrat, ces sti-

pulations prévoyaient le dol du vendeur et donnaient à l'acheteur un moyen de l'éviter.

Action publicienne

Le possesseur était protégé tant qu'il était en possession, par les exceptions de dol et *rei venditæ et traditæ*. S'il perdait la possession, il pouvait la recouvrer par les interdits *recuperandæ possessionis*, mais, ce moyen ne lui était donné que dans des cas spéciaux et rigoureusement déterminés et cette possession avait beaucoup d'importance puisqu'elle faisait acquérir la propriété quiritaire au bout d'un certain temps. Le droit Prétorien vint encore au secours du possesseur de la *res mancipi* en créant la publicienne.

De quelle époque date cette action? On ne peut l'indiquer avec précision, ce qui est certain, c'est qu'elle porte le nom de son auteur. Mais, il y a plusieurs préteurs de ce nom. Il est assez probable que cette action fut créée par le second de ceux qui portent le nom de Publicius et quelle remonte au sixième siècle de Rome.

La publicienne eut pour but de protéger le droit que les Romains appellent *in bonis*, en opposition avec le *nudum jus quiritum*. Ce droit qui n'avait pas été acquis conformément au droit civil, n'était pas garanti par la revendication, tant qu'il n'avait pas été fortifié par l'usucapion. Cependant, avant l'accomplissement de l'usucapion le bonitaire a plus de droit que toute autre personne sur la chose, il est de plus certain que l'accomplissement de l'usucapion n'est qu'une question de temps, le bonitaire devant infailliblement acquérir le *dominium*. Le préteur Publicius n'hésita pas à considérer comme accomplie cette usucapion inévitable et accorda sa protection à celui qui possédait. Il ordonna au juge de traiter le possesseur en train d'usucaper et qui ne peut légalement manquer d'accomplir l'usucapion comme s'il l'avait accomplie. Le texte de l'édit qui accorde l'action publicienne nous est parvenu : « *Si quis id quod bona fide emit, vel id quod traditur ex justa causa et nundum usucaptum petet, judicium dabo.* » (1)

L'action qui était donnée à celui qui avait l'*in bonis* était une *actio fictitia*, elle reposait en effet sur l'accomplissement d'une usucapion non encore accomplie. Quant aux effets, c'était une *vindicatio utilis*, elle donnait le même résultat que la revendication appliquée à la propriété quiritaire. Gaïus nous en donne la formule : « *Si quem hominem A. A. emit ei is et traditus est, anno possedisset, tum si eum hominem de quo agitur ejus ex jure Quiritum esse oporteret, (neque is homo tuo A°A° restituetur quanti) ea res erit N^m N^m A°A° condemnato* (2) ». Le jurisconsulte suppose que le débat s'élève sur la propriété d'un esclave ; s'il s'agissait d'un fonds, il suffisait de remplacer *hominem* par *fundum*. L'hypothèse où il se place est celle d'une vente, mais la publicienne s'appliquait à tous les cas où l'usucapion était commencée, que la chose eût été livrée à la suite d'une vente, d'un échange ou d'une *datio in solutum*.

Celui qui avait acquis une *res mancipi* par simple tradition était donc protégé contre le propriétaire et les tiers

---

1. L. 1, D. L. 6, t. 2.
2. Gaïus. C. IV, § 36.

par des exceptions et une action, sa propriété, l'*in bonis,* devenait aussi avantageuse que le *dominium* et il est exact de dire que l'exception *rei venditœ* et la publicienne aboutissent à une seconde espèce de propriété (1).

Droit de Justinien.

Après l'introduction de la publicienne, aucune différence pratique ne séparait le *dominium ex jure quiritium* du simple *dominium bonitarium*. La mancipation et l'*in jure cessio* disparurent de la pratique, leur importance déjà diminuée à l'époque classique, alla toujours décroissant et les jurisconsultes de l'époque postérieure ne les mentionnent qu'en passant. L'*in jure cessio* était, paraît-il, encore en usage au temps de Dioclétien (2). La mancipation est citée dans la Constitution 319 qui forme la loi 4 au Code Théodosien (3). Après le IVe siècle il n'est plus question de mancipation ou d'*in jure cessio*, elles ont perdu toutes leurs conséquences pratiques. Justinien supprima le *nudum jus quiritium,* il abolit la mancipation, l'*in jure cessio* et la distinction des *res mancipi* et *nec mancipi*. Le seul mode de transfert de la propriété fut la tradition. Cette tradition qui, nous l'avons dit, pouvait être occulte, nuisait à l'intérêt des tiers, nous avons montré comment le jeu de certaines institutions suppléait à ce défaut.

1. Gaïus. C. II, § 40 et 41.
2. *Consultatio veteris juris consulti* 6, *ex corpore hermogeniani. De donationibus inter virum et uxorem* dans le *Nov. Enchyridium,* de M. Giraud.
3. *De donationibus.* L. 8, tit. 12.

CHAPITRE IV.

PUBLICITÉ DES MUTATIONS A TITRE GRATUIT.

On peut diviser l'étude de la publicité des donations à Rome en trois parties. La première porte sur la période qui se trouve comprises entre les origines du droit romain et la loi Cincia. La deuxième part de cette loi et va jusqu'à l'introduction de l'insinuation. La troisième comprend la législation de l'insinuation.

SECTION I.

Période antérieure à la loi Cincia.

Comme l'acquisition à titre onéreux, l'acquisition à titre gratuit nécessitait, indépendamment du contrat, de l'acte générateur d'obligations, l'emploi d'un mode spécial propre à transférer la propriété. Le droit romain n'a pas connu de contrat spécial de donation. Le donateur et le donataire devaient employer les formes que le droit civil mettait à leur disposition et qui servaient tantôt à acquérir la créance, tantôt à acquérir la propriété. Pas plus que le contrat de vente, la promesse de donner faite par stipulation ne rendait propriétaire ; pour le devenir, il fallait accomplir les solennités nécessaires. Ici encore, nous retrouvons le contrat solennel, le mode de mutation solennel ; un simple pacte ne fut rendu obligatoire et sanctionné par une action que sous Justinien (1).

La donation s'opère par les modes ordinaires de translation de propriété *mancipatio, in jure cessio, traditio,* et lorsqu'elle consiste en une obligation ou une libération, elle doit se faire par stipulation ou acceptilation.

Nous avons montré, comment les formalités nécessaires aux transmissions de propriété donnaient aux mutations certaine publicité, comment les intérêts des tiers étaient protégés par cette publicité, nous ne reviendrons pas sur ce sujet, ce serait revenir sur les formalités de la mancipation et de l'*in jure cessio* ; rappelons, cependant, que ces modes n'avaient pas pour but de rendre les aliénations publiques. La publicité n'était qu'une conséquence indirecte de leur emploi.

Peu à peu ces deux modes tombèrent en désuétude, le nombre croissant des pérégrins fit consacrer un mode de transfert de propriété plus simple, la tradition. Nous avons montré dans quelle mesure les tiers étaient alors protégés.

SECTION II

Publicité établie par la loi Cincia.

La donation parut aux Romains un acte si important, au double point de vue du patrimoine du donateur et du crédit public, qu'ils cherchèrent à diminuer les inconvénients qu'elle pouvait avoir à protéger le donateur contre des entraînements irréfléchis les tiers qui contractent avec

1. L. 35, § 5, code, liv. 54. Just., L. II, t. VII, § 2.

le donateur. Vers l'an 550 de Rome, un tribun, Cincius Alimentus, proposa une loi tendant à restreindre le nombre des donations et qui donnait à celles qu'elle permettait une certaine publicité.

La loi Cincia divisa les donations en deux classes :

1° Les donations inférieures à un certain taux, ou bien supérieures à ce taux, mais faites à certaines personnes qui échappaient à l'application de la loi (*personnæ exceptæ*).

2° Les donations supérieures à ce taux et faites à des personnes non exceptées (1).

Au point de vue de la publicité, le taux de la donation importe peu, toutes sont soumises aux mêmes règles.

S'il s'agit de donner une *res mancipi*, la donation est parfaite si la mancipation faite par le donateur a été suivie de tradition : « *Donatio prædii quod mancipi est, inter non exceptas personnas, traditione atque mancipatione perficitur* (2). » Quand ces conditions manquent, la donation est imparfaite.

Si la chose n'a été que mancipée, le donataire est bien devenu propriétaire *ex jure quiritum*, il pourra revendiquer ; mais, sous le système formulaire, il sera repoussé par l'*exceptio legis Cinciæ*.

Le donataire a reçu tradition, le donateur peut revendiquer et son action ne sera pas anéantie par l'exception *rei donatæ et traditæ*, la *duplicatio leges Cinciæ* para-

1. V. Savigny, *Traité de Droit romain*, t. IV, p. 202. Machelard, *Revue critique de législation*, t. XLV, p. 305. Maynz, *Traité des obligations*, p. 338.
2. *Fr. Vat.*, § 313.

lysant cette exception (1) : « *Sed in personnæ non exceptæ sola mancipatio non perficit donationem.* »

Si la chose donnée est *nec mancipi*, la tradition suffit pour rendre la donation parfaite.

Quand la donation porte sur un fonds italique, *res mancipi*, la simple tradition ne suffit pas pour le faire acquérir, s'il s'agit d'un fonds provincial la tradition rend la donation définitive.

Nous avons montré ; quels moyens de défense avait le donateur, sous le système formulaire. Mais, on sait que la loi Cincia date de 550. La procédure des *legis actiones* est en vigueur à cet époque et il n'est pas encore question de l'exception. D'après certains interprètes, le donateur échappait aux poursuites de son adversaire par la *sponsio præ judicialis.* D'après d'autres, on aurait accordé au donateur condamné dans une première action, une *condictio* destinée à obtenir la restitution au simple du montant de la donation prohibée (2).

« Maintenant, est-il besoin de faire remarquer que cette nécessité de translation de la possession naturelle jointe à un mode solennel d'aliénation assure parfaitement et annonce à tout le monde le changement du titulaire du droit en question. » (3)

Le but de la loi Cincia n'a pas été de protéger les tiers, mais plutôt les donateurs, contre des entraînements irréfléchis, de rendre plus difficile la donation et de permettre la révocation tant que l'acte n'était pas parfait.

1. *Fr. Vat.*, § 311.
2. V. Carré de Malberg, *Thèse de doctorat,* 1887.
3. V. M. Larnaude, *Thèse de doctorat.*

SECTION III

I. De l'Insinuation.

Nous avons parlé, en étudiant les mutations à titre onéreux, des registres contenant les actes privés que les Romains appelaient *Acta*. A une époque qu'il est impossible de déterminer, quand l'écriture se fut répandue et que les témoignages personnels ne parurent plus suffisants pour assurer la sécurité des contractants, l'usage s'introduisit de faire rédiger les actes par des écrivains publics qui louaient leurs services aux particuliers. Ces *Tabularii, tabelliones, conditionales, exceptores,* avaient leur cabinet « *statio* » sur le forum, de là le nom d'*acta forensia* donné aux actes qu'ils rédigeaient. Il y avait; dans les cités les plus importantes, des archives dont l'existence nous est signalée par Cicéron (1), et qu'Ulpien désigne sous le nom de *Grammatophylacium* (2). On y déposait tous les actes, soit en vertu de prescriptions légales, soit spontanément, pour leur assurer une force probante plus énergique.

Au commencement du IIIe siècle, nous voyons usitées, en matière de donation, les *professionnes apud acta* (3), cette *professio* était une déclaration faite au magistrat (4).

Mais cette *professio donationis*, ne faisait en rien déro-

---

1. *Pro archia*, ch. IV.
2. L. 9, § 6. D. L. 48, t. 19.
3. V. Grupen, *De forma conficiendi acta.* V. Saglio et Darenberg, *Dict. des antiquités*, v° *Acta.*
4. *Fr. Vat.*, § 266.

ger aux règles de la loi Cincia. Pour que la donation soit parfaite, il fallait encore recourir à la mancipation et à la tradition s'il s'agissait d'une *res mancipi*, à la tradition seulement si la chose était *res nec mancipi*. S'il en était autrement, le donateur pouvait revendiquer ou user de l'*exceptio legis Cinciæ*. S'il y avait eu mancipation et tradition, la donation était parfaite et le donataire devenait propriétaire alors même qu'aucune *professio* n'avait été faite. Cet enregistrement de l'acte était purement facultatif et ne pouvait influer sur la validité.

Il est probable, dit M. Larnaude, qu'en allant ainsi déclarer devant le magistrat leur volonté de donner, les donateurs avaient l'intention de procurer à leur acte de donation l'authenticité qui lui était nécessaire pour être plus facilement prouvé, en cas de contestation ultérieure. On établissait ainsi une preuve authentique impérissable pouvant servir dans tous les cas où les autres preuves seraient perdues par suite de n'importe quelles circonstance. De plus, la *professio* avait l'avantage de donner au donateur une occasion de réfléchir. L'intervention du magistrat assurait la sincérité de la donation, écartant toute idée de captation ou de dol.

Constance Chlore, en 305, assujettit à la formalité de l'insinuation *apud acta* les donations supérieures à 500 solides, taux qui sera abaissé plus tard à 200. L'insinuation est dès lors nécessaire pour que la donation soit valable, elle est indispensable pour les donations soit entre vifs, soit à cause de mort.

Mais, la législation de la loi Cincia subsiste encore,

c'est ce qui résulte de la loi 4 au Code Théodosien (1),
qui porte la date de 319. Les personnes exceptées ne
sont pas obligées de faire insinuer leur acte, mais, quand
la donation aura pour but de transférer la propriété, il
faudra qu'elle soit suivie d'une mancipation ou tout au
moins d'une tradition réelle (2). Entre fiancés et pour favoriser le mariage, la tradition ne fut pas exigée, cependant l'insinuation était nécessaire probablement pour
fournir la preuve de la donation.

Un édit, que les uns datent de 316, les autres de 323,
acheva d'assurer la publicité. Constantin supprima la dispense établie par Constance Chlore au profit de certaines
personnes. Il exigea, outre l'insinuation, la rédaction
d'un écrit devant témoins et leur présence au moment
de la tradition. Il ne fit aucune distinction entre la donation entre vifs et à cause de mort pour l'accomplissement de ces formalités.

Quelle était l'influence du défaut d'insinuation ? D'a-
près certains auteurs il n'influait pas sur la validité de
l'acte, mais le juge devait se montrer plus sévère sur l'ad-
mission des preuves qui lui étaient fournies (3). La formalité n'est donc pas obligatoire, c'est tout au plus une
précaution à prendre, pour éviter les contestations ulté-
rieures.

D'autres auteurs prétendent que la nullité de l'acte
était la conséquence du défaut d'insinuation ; cette opi-

1. *De donat.*, L. 8, tit. 12.
2. Savigny, t. IV, p. 206, 207 ; Maynz, *Cours de droit romain*,
t. II, p. 397, n° 3.
3. Ibid.

6

nion paraît fondée si on considère les textes et si on refuse d'admettre que l'empereur s'était borné à donner un simple conseil aux parties.

Constantin paraît trop bien s'être rendu compte de l'importance de l'insinuation pour avoir borné à un conseil les termes de son édit. Souvent, dit-il, les donations donnent lieu à des fraudes : on nie ce qui a été convenu, et il arrive que plusieurs se disputent la propriété d'une chose donnée deux fois, ou vendue après avoir été donnée. C'était reconnaître le but véritable de l'insinuation, la protection des intérêts des tiers.

Bientôt, la nécessité d'un acte écrit disparut. Une constitution des empereurs Théodose et Valentinien (1) supprima cette obligation : « *Et sine scripto donatum quid fuerit, adhibitis aliis documentis, hoc quod geritur comprobatur* ». La donation faite sans écrit pouvait être prouvée par d'autres moyens. Une autre formalité, la tradition, ne fut plus exigée pour les libéralités entre parents et enfants : « *Valere donationes placet inter liberos et parentes..... liberalitas probatur extitisse, licet, neque mancipatio dicatur neque traditio subsecuta, sed nuda tantum voluntas claruerit* » (2). Il en était autrement pour les libéralités entre personnes non parentes. « *Nullam donationem inter extraneos firmam esse si ei traditionis videatur deesse solemnitas* (3) ». Ce défaut de tradition réelle se présentait surtout dans les donations qui étaient faites avec rétention d'usufruit

1. L. 9, Code *de donat.*
2. L. 4. Code Th. L. 8. tit. 12.
3. L, 7. *Eod. tit.*

et constitut possessoire. Les empereurs Théodose II et
Honorius remédièrent à cette absence de publicité en
415 (1). Mais leur constitution n'eut qu'une existence
éphémère : elle fut abrogée en 417 (2).

En 428, sous le règne des empereurs Théodose II et
Valentinien III, la donation pour constituer une dot put
se faire par simple pacte avec ou sans écrit ; la preuve en
était administrée de toute façon (3). Les donations *ante
nuptias*, de moins de 200 solides, furent dispensées de
l'insinuation.

Enfin Zénon en 478 dispensa toute donation de la présence des témoins, mais exigea l'insinuation. *In donationibus quœ actis insinuantur, non esse necessarium judicamus
vicinos vel alios testes adhibere* (4).

En résumé, pour qu'une donation soit valable, il faut
à cette époque qu'un contrat soit intervenu, un simple
pacte ne suffit qu'entre ascendant et descendant. La donation supérieure à 200 solides doit être insinuée et l'insinuation est la seule formalité qui subsiste.

II. *Formalités de l'insinuation.*

L'insinuation était la copie de l'acte de donation sur
le registre du magistrat, et, à l'époque où la donation
était dispensée d'écrit ; la relation du contrat sur ce re-

1. L. 8, *Eod tit.*
2. L. 9. *Eod. tit.*
3. V. Savigny, t. IV, p. 207.
4. L. 31. Code. L. 8. t. 54.

gistre « *apud judicem vel magistratus conficienda sunt* (1).
Mais auprès de quel juge ou de quel magistrat la formalité doit-elle être accomplie ? Le choix fut laissé d'abord
à ceux qui faisaient insinuer, mais cette latitude faisait
disparaître les bienfaits que l'on pouvait attendre de
cette institution, la publicité qui en résultait était insi-
gnifiante. Constantin, frappé de cet inconvénient, détermina en 316, l'endroit où la donation devait être insinuée (2). « Beaucoup font insinuer en dehors de la province où ils sont propriétaires, il sera défendu de faire
insinuer dans une province autre que celle où se trouvent
le domicile du donateur et les biens donnés. Le magistrat
compétent sera le juge ordinaire, en son absence le curateur ou les magistrats municipaux. »

Cette loi déterminait d'une façon insuffisante l'endroit
ou l'insinuation serait demandée. Serait-ce au domicile du
donateur ou au chef-lieu de la province où les biens étaient
situés ? Il pouvait arriver que ce domicile et la situation
des biens fussent très éloignés l'un de l'autre. Une modification à la première constitution fut apportée en 333,
elle est contenue dans la loi 27 au Code de Justinien *de
donationibus* « *gesta autem confici super rebus etiam alibi col-
latis ubicumque sufficit* ». Comment faut-il interpréter cette
nouvelle disposition. L'empereur veut-il dire que la donation pourra être insinuée dans n'importe quel endroit,
ou bien qu'elle pourra l'être soit au domicile du donateur,
soit au chef-lieu de la province ou les biens sont situés ?

1. L. 1, C. Th. L. 8, t. 12.
2. L. 3, *cod. tit.*

Cette seconde interprétation proposée par M. Larnaude paraît meilleure que la première. Comment admettre en effet que Constantin, après avoir déterminé le lieu de l'insinuation, revienne à la législation antérieure qu'il avait abrogée comme vicieuse ? Mais, il faut alors donner à *ubicumque* un sens qu'il n'a pas en général. De plus nous pouvons constater, après Constantin, une tendance à atténuer les effets de l'insinuation en augmentant le nombre des endroits où elle peut être faite. Il n'est du reste pas étonnant qu'en dehors de Constantinople on ait laissé aux parties une plus grande latitude pour faire insinuer leurs actes. On obtenait le plus grand nombre possible d'insinuations, en multipliant les endroits où la formalité pouvait être remplie. Léon dans une constitution de 459 (1) dit que l'insinuation des donations de choses placées dans les provinces et faites en dehors de Constantinople pourra avoir lieu partout où le donateur voudra. Seules les donations faites à Constantinople doivent être insinuées dans cette ville.

Constantin détermina la compétence des magistrats en matière d'insinuation. Elle était faite à Constantinople par le *Magister census* en province par le *Rector provinciæ* et en son absence par le *defensor civitatis*.

En 496, l'empereur Anastase sanctionna le défaut d'insinuation ; il frappa d'une amende de vingt livres et menaça d'une peine sévère tous ceux qui contreviendraient aux lois. Justinien, dans sa novelle XV veut que l'insinuation soit faite par le *defensor plebis*. Le magistrat munici-

1. L. 30, C. L. 8, t. 54.

pal était assisté du collège des décurions, d'un greffier et de trois curiales (1).

Justinien étendit le nombre des donations dispensées d'insinuation. Cette dispense fut appliquée à celles qui étaient inférieures à 300 solides (2) : « *Sancimus omnem donationem, sive communem, sive ante nuptias factam, usque ad trecintos solidos cumulatam, non indigere monumentis sed communem formam habere.* » disposition, qui fut étendue à toutes les donations inférieures à 500 solides.

Quant aux donations qui dépassaient 500 solides, elles étaient, en général, soumises à l'insinuation, mais Justinien fit quelques exceptions en faveur des donations *dotis causa,* des donations faites à l'empereur, aux églises, ou qui avaient pour but le rachat des captifs.

Un passage des Institutes résume la législation sur ce point : « *Perficiuntur autem, cum donator suam voluntatem scriptis aut sine scriptis manifestaverit et etsi non tradantur, habeant plenissimum et perfectum robur* » (3).

III. But de l'insinuation.

Quel était le but véritable de l'insinuation ? Etait-ce de protéger les donateurs contre les entraînements irréfléchis et de conserver les patrimoines ? Etait-ce de protéger les tiers ? Les Romains paraissent avoir aperçu de bonne heure le but véritable de l'insinuation. Cette formalité qui consiste dans l'insertion de l'acte ou sa mention sur

1. L, 151, C. Th. L. 12, t. 1.
2. L. 34, C. *de donat.*
3. *Inst.*, L. II, tit. 7 § 2.

des registres publics, ouverts à tous ceux qui sont intéressés à les consulter, semble bien avoir été introduite dans un but de publicité. Ce qui prouve ce que nous avançons, c'est que l'insinuation a existé à une époque où la loi Cincia n'était pas encore tombée en désuétude, or, cette dernière loi avait surtout pour but de protéger le donateur contre un entraînement irréfléchi ; le but de l'insinuation devait être plus large, c'était de protéger le donateur et de procurer aux tiers la garantie de la publicité. Cette proposition est encore prouvée par les termes de l'édit de 323, qui exige la rédaction d'un écrit, la tradition corporelle en présence des voisins et des témoins et enfin l'insinuation.

Cette formalité avait, comme la loi Cincia, l'avantage de prémunir le donateur contre les libéralités qu'il était tenté de faire et de lui donner le temps de se repentir ; en second lieu, d'avertir les tiers de la diminution qu'éprouvait la fortune du donateur. Après la donation, le patrimoine du donateur sera diminué, son crédit sera affaibli d'autant ; de plus, il importe au plus haut point à tous que la propriété de chacun soit bien déterminée, afin que les tiers ne contractent pas avec une personne qu'ils croient propriétaire et qui ne l'est pas.

Au dernier état du droit, la donation peut se faire par simple pacte, elle échappe au formalisme, la tradition réelle n'est plus exigée, le donateur peut rester possesseur du bien donné, seule l'insinuation révélait aux tiers la mutation. Et si on lit le texte de Constantin que nous avons cité, on peut affirmer que cet empereur comprit bien les avantages de cette institution.

Parmi les auteurs qui ont étudié l'insinuation, les uns prétendent qu'elle n'eut jamais pour but de protéger les tiers (1) et pensent que cette formalité eut pour objet de rendre les donations moins fréquentes, elle aurait, d'après eux, sa source dans la loi Cincia et on l'aurait introduite pour servir les intérêts du donateur et de ses héritiers. D'autres croient que l'insinuation est une véritable institution de crédit créée pour faire connaître aux tiers les translations de propriétés (2).

Nous nous rallions à l'opinion intermédiaire qui est celle de M. Glasson, l'insinuation introduite dans le but de protéger le donateur et ses héritiers était un moyen facile, moins compliqué que la loi Cincia. Il est plus simple de dire : je suis resté propriétaire, que de paralyser une demande en revendication par une exception. De plus, à l'origine, les *personæ exceptæ* étaient dispensées de l'insinuation, or les tiers avaient autant d'intérêt à connaître la donation faite à des *personæ exceptæ* que celle faite à des personnes étrangères. Mais quand l'insinuation devint un moyen de publicité, la distinction entre les personnes exceptées et non exceptées disparut et ce changement ne se fit pas longtemps attendre ; une constitution de 381 assujettit à l'insinuation même les libéralités *inter liberos et parentes*.

On a opposé que certaines donations de sommes d'argent et de choses fongibles, qui n'intéressent pas les tiers, sont soumises à l'insinuation. Cet argument ne pa-

1. V. Savigny.
2. M. Glasson, *Des Donations à cause de mort*, p. 55.

raît pas concluant. Il n'est pas juste de dire que les donations de sommes n'intéressent pas les tiers. Le donateur, en effet, diminue l'importance de son patrimoine,
affaiblit son crédit. Les créanciers antérieurs à la donation, n'ont-ils pas tout intérêt à la faire annuler si elle
rend leur débiteur insolvable. Quant à ceux qui voudront
contracter avec le donateur après la donation, ne devront-
ils pas se montrer plus circonspect. Concluons en disant
que l'insinuation protégea à l'origine le donateur, mais
que bientôt elle devint un moyen de protection pour les
tiers.

IV. Des effets de l'insinuation.

Jusqu'à l'insinuation, la donation n'est qu'un simple
projet, après l'insinuation la mutation est définitive et le
donataire devient propriétaire. On peut se demander si
l'insinuation remplace la tradition ou si les deux formalités doivent être accomplies. Il faut, croyons-nous distinguer suivant les époques. La tradition réelle était exigée par la loi Cincia pour parfaire toute donation (1),
mais quand le constitut possessoire put remplacer la tradition et que le donateur put rester en possession comme
usufruitier, la tradition est spiritualisée et il semble qu'a-
lors l'insinuation suffisait à transférer la propriété. La
règle *non nudis pactis*, etc., est bien encore en vigueur
puisqu'elle est écrite au Code. Mais la tradition n'est dans
certains cas que l'expression de la volonté d'acquérir et

1. Théodose et Honorius exigeaient aussi la tradition réelle.

de transmettre et peut être remplacée par l'insinuation. Le donateur qui fait insinuer n'indique-t-il pas qu'il rend propriétaire.

V. *Effets de l'insinuation à l'égard des tiers.*

Les textes ne parlent pas des effets de l'insinuation à l'égard des tiers étrangers au contrat; cette question, si grave en droit français, ne semble pas avoir préoccupé les jurisconsultes romains, elle devait cependant être d'une grande importance à Rome comme chez nous ; mais à Rome le défaut d'insinuation avait le même effet *inter partes* qu'à l'égard des tiers.

Jusqu'à l'insinuation, la donation était imparfaite ; tous les intéressés, donateur, donataire, héritiers, acquéreur de l'un ou de l'autre, pouvaient se prévaloir du défaut d'insinuation. Jusqu'à cet acte le bien donné faisait encore partie du patrimoine du donateur, qui pouvait le vendre, le donner, en disposer de toute façon.

Les avantages que les tiers tiraient de cette publicité sont nombreux et faciles à déterminer. Jusqu'à l'insinuation, les tiers pouvaient contracter avec le donateur et devenir propriétaires, sans craindre d'être évincés. Les créanciers antérieurs à la donation et les créanciers postérieurs pouvaient se plaindre du défaut d'insinuation. Les héritiers du donateur eux-mêmes pouvaient opposer ce défaut au donataire.

Sous ce rapport, l'insinuation ne ressemblait en rien à la transcription des donations établie par le Code civil. A Rome, on ne distinguait pas les effets de l'acte à l'égard des tiers, des effets *inter partes*. La donation non insinuée n'était pas valable, pour tout ce qui dépassait 500 solides, le donateur restait propriétaire et conservait l'action en revendication. Chez nous, au contraire, la donation faite selon les formes légales transfère la propriété *inter partes*, mais n'est pas opposable aux tiers qui ont acquis des droits sur l'immeuble.

Avons-nous montré qu'à Rome, les mutations se faisaient dans des conditions telles que les tiers vigilants et soucieux de leurs intérêts pussent trouver dans les lois une protection suffisante ? Avons-nous déterminé d'une façon exacte la valeur de cette protection ? Nous n'oserions l'affirmer, si nous l'avons fait, nous avons atteint notre but. Des auteurs autorisés avaient tracé notre route.

« La *Venditio per æs et libram*, dit M. Huc (1), présenta d'abord toutes les garanties de publicité que comportait l'état de la civilisation, cette *venditio* prit le nom de mancipation... Et, il est infiniment probable, que le besoin d'entourer d'une publicité sérieuse toute translation de propriété, dans des vues analogues à celles qui ont fait établir la transcription en France, exerça aussi une grande influence sur la détermination du législateur romain.»

Nous avons montré que cette théorie était exagérée et nous terminons en disant : Les Romains trouvaient dans leurs lois des garanties de publicité suffisantes, pour les rapports de droits qui existaient entre eux. Mais on ne

1. Huc. *Recueil de l'Académie de législation de Toulouse*, T. 10, p. 45.

peut affirmer que l'idée d'élargir la publicité ait été pour quelque chose dans le développement de leurs institutions sauf en matière de donations.

DROIT FRANÇAIS

DE

L'ORIGINE DE LA TRANSCRIPTION
DANS LES PAYS DE NANTISSEMENT

INTRODUCTION

Des transmissions de propriété dans les pays de droit écrit
et dans les pays des coutumes.

Le Code civil, le Code de procédure civil et la loi du 23 mars 1855 sur la transcription en matière hypothécaire, obligent à rendre publiques les mutations immobilières. Cette publicité édictée par la loi de 1855 a été généralisée pour la première fois par la loi de brumaire An VII. Elle a subi depuis bien des vicissitudes ; supprimée ou peut-être oubliée par les rédacteurs de 1804, rappelée dans le Code de procédure civile, elle n'a été définitivement rétablie que par la loi sur la transcription.

L'idée de favoriser le crédit foncier et de protéger les intérêts des tiers qui apparait dans la loi de l'an VII était-elle alors une idée nouvelle ? Les rédacteurs de cette loi ont-ils innové ou bien n'ont-ils fait que reproduire, que perfectionner les lois antérieures ? La publicité existait-elle en germe dans les coutumes ? Telles sont les questions que nous nous poserons et auxquelles nous essaierons de répondre.

La France, sous l'ancien régime, était divisée en pays de droit écrit et en pays coutumiers. Les premiers étaient régis par le droit romain ; nous avons vu au commencement de ce travail comment ce droit protégeait les tiers et à quelles règles il soumettait les mutations de propriété. Les pays coutumiers étaient, leur nom l'indique, soumis à des coutumes diverses et qui variaient suivant la région, le temps et les mœurs.

Dans ces pays, les règles du droit féodal se maintinrent jusqu'au XIIIe siècle ; à cette époque, la plupart des coutumes les abandonnent, quelques-unes, en petit nombre, leur restent fidèles. Sous l'influence du droit romain, il y eût une tendance générale à s'écarter du formalisme féodal. Cette tendance se fit surtout sentir à propos des mutations. Comme à Rome, le simple consentement, le contrat, ne suffit pas à transférer la propriété, mais la simple tradition, telle que nous la voyons exister aux derniers siècles de l'empire, rendait l'acquéreur propriétaire.

Au XVIIe siècle, la tradition employée est celle que Pothier appelle tradition réelle de la chose et qui consiste, s'il s'agit d'un immeuble, à en prendre possession d'une manière effective et corporelle. On employa comme à Rome les traditions *longa manu, brevi manu*, et le constitut possessoire. Enfin, grâce aux effets d'une jurisprudence nouvelle, une simple clause de dessaisine-saisine devest insérée par les notaires dans les actes, suffisait à transférer la propriété à l'acquéreur.

Les imitateurs du droit romain avaient outrepassé ses règles. Peut-on dire, à la fin du XVIIIᵉ siècle, que le contrat ne transfère pas la propriété ? La formule d'Ulpien : *Traditionibus, non nudis pactis, dominia rerum transferuntur* est-elle encore vrai ? Il serait peut-être téméraire de l'affirmer. Une simple clause, une phrase, suffisait pour rendre l'acquéreur propriétaire, cette clause était de style, tous les contrats la contenaient ; si elle était oubliée, il était permis au juge de suppléer à cet oubli.

Les transmissions d'immeubles étaient dès lors bien simplifiées, mais, en rejetant les formalités antérieures, la jurisprudence coutumière s'était délivrée de ce qu'elles avaient de gênant et avait abandonné ce qu'elles avaient d'utile.

Argou, au XVIIᵉ siècle, le sentait déjà, frappé de l'inconvénient qu'il y avait de laisser les transmissions de propriétés immobilières se réaliser dans l'ombre, il voulait, pour y remédier, qu'on entourât le contrat de vente d'une publicité destinée à contrebalancer le secret des transmissions. « A l'égard des tierces personnes qui peuvent y être intéressées, écrit-il, la vente des immeubles n'est prouvée, et par conséquent n'a son effet que lorsqu'il y a contrat passé devant notaire. » (1). Il en donnait cet exemple : « Primus vend et livre par tradition feinte sa maison à Secundus, demain, il empruntera à Tertius par devant notaire, l'hypothèque qui résultera

1. Argou, *Institut*, liv. VII, tome XXIII, *Contrat de vente*.

pour Tertius de l'acte de prêt, (car tout acte notarié dans l'ancien droit emporte hypothèque), frappera l'immeuble si la vente n'a pas été constatée par acte notarié. Cette solution ne put être admise, d'après le principe que la tradition suffisait à transférer la propriété, aussi la règle proposée par Argou ne prévalut pas.

Dumoulin, dans le commentaire sur le titre *Des Fiefs de la coutume de Paris*, combat la clause de dessaisine-saisine et la regarde comme nulle à l'égard du retrait féodal (1).

Loysel émettait un avis contraire : « Dessaisine-saisine faite en présence de notaire et de témoins, dit-il dans ses *Instituts*, vaut et équipolle à tradition et délivrance de possession (2).

Les transmissions de propriété étaient donc occultes, tant dans les pays de droit écrit qui avaient toujours adopté le droit Romain, que dans les pays de coutumes où ce droit s'était introduit et avait définitivement triomphé. Les tiers n'étaient pas protégés, l'acquéreur, le prêteur, n'avaient aucune sécurité, il était impossible de savoir si le vendeur était propriétaire ; peut-être celui qui présentait un titre d'acquisition venait-il d'aliéner. Les créanciers hypothécaires et tous ceux qui avaient des droits sur un immeuble étaient inconnus.

Gardons-nous, cependant, de tomber dans l'exagération ; cette ombre qui couvrait les transmissions d'immeu-

---

1. Dumoulin, *Comm. sur la coutume de Paris* : Titre des fiefs :— Le délai du retrait lignager courait à partir de la tradition.

2. Loysel, *Instituts coutumières*, L.—V, titre IV, règle 7, édit. Laboulaye, t. II, page 125.

bles et les constitutions d'hypothèques n'avait pas les inconvénients qu'elle aurait aujourd'hui. Le crédit public était peu développé aux XVIe, XVIIe et XVIIIe siècles. Les constitutions de rentes étaient nombreuses, les auteurs coutumiers et l'importance qu'ils donnent au titre des rentes en font foi, mais le prêt à intérêt fut interdit jusqu'à la fin de l'ancien régime.

Les droits des acheteurs, ceux des créanciers, étaient compromis par ces mutations, ces hypothèques occultes; la législation actuelle a essayé de parer aux inconvénients qui en résultaient.

Quelque vicieux que fût le système ancien il a duré longtemps, les jurisconsultes, les hommes d'état, ont rarement proposé de le modifier. Colbert voulait établir une mesure générale édictant la publicité des mutations. Argou s'occupait, nous l'avons vu, de la question, mais, rien de pratique n'avait été fait avant l'An VII, disons même que plus on s'éloignait du droit coutumier primitif et des formes anciennes de tradition, d'ensaisinement, d'investiture, plus les mutations devenaient secrètes. Et cependant, cette clandestinité, n'était pas protégée par l'ignorance des dangers auxquels elle exposait, nous l'avons dit plus haut.

Le système qui admettait la clandestinité des mutations, dont nous connaissons les défauts était-il général, et appliqué dans toute la France ? Nous le trouvons dans les pays de droit écrit, et dans presque toutes les coutumes. Quelques-unes cependant, celles du nord, avaient adopté dès le moyen-âge certains moyens de publicité et les avaient conservés; elles dérogeaient au droit commun.

7

C'est à cette source que puisèrent les rédacteurs de la loi de Brumaire, et après eux ceux de la loi de 1855. Nous dirigerons nos recherches sur la législation de ces pays de nantissement, nous étudierons son origine et ses transformations successives.

I. *Des pays de nantissement.*

II. *Définition de la formalité.*

Les principales coutumes qui dérogeaient au droit commun et qui adoptaient un système de publicité étaient celles de Picardie, de Vermandois, d'Artois, de Flandre, de Hainaut, de Normandie, de Bretagne, de Metz. Coutumes du nord de la France où les idées romaines sur la transmission de propriété immobilière, ne s'implanteront jamais. Le nantissement y conservera le caractère de la mutation germanique et féodale.

Le nantissement est, dit Merlin dans son répertoire, l'acte judiciaire par lequel on prend civilement possession d'un héritage, pour en jouir à titre de propriété, d'usufruit, d'hypothèque (1).

Il consistait dans la mise en possession de l'héritage, soit par les officiers du seigneur dont les biens étaient mouvants, soit par les officiers du roi dans le ressort desquels le bien était situé, et, dans la relation de cette mise en possession sur un registre que les tiers pouvaient consulter.

1. Merlin, *Répertoire*, au mot *Nantissement*.

Laurière nous en donne une définition analogue : « Quand l'acheteur d'un héritage fournit ou consigne le prix de son acquisition, ou quand le débiteur fournit les deniers pour lesquels son héritage est saisi et en criées ou que l'on veut retirer, par droit de linage, l'héritage vendu. Quand un créancier ou l'acheteur d'aucune rente ou au_ tre chose veut avoir droit réel ou d'hypothèque sur les héritages de son débiteur ; les justiciers fonciers auxquels on exhibe les lettres et obligations pour la seûreté du dû ou rente sont tenus de faire par leurs greffiers régistre des vests dévests et nantissements et en délivrer acte au dos d'icelles lettres ; est préféré celui qui ainsi solennellement sera nanti pour son dû ou rente et préjudicie tel nantissement aux subséquents faits sur les mêmes héritages, de sorte que le dernier nanti perdra sa dette ou rente, si la valeur d'iceux héritages est totalement employée et entrée au paiement et acquit de tout ou partie de la dette ou rente du premier nanti. » (1)

Ce nantissement se faisait au moyen de la formalité des devoirs de Loi. Ces devoirs étaient les solennités requises pour transférer la propriété d'un fonds, ou pour constituer hypothèque, elles portaient des noms différents suivant les coutumes, mais tendaient toutes au même but c'étaient : « les vests-devests, saisines dessaisines, adhéritances deshéritances, ou les rapports solennels des héritages. » Elles s'accomplissaient devant des témoins et les gens de loi de la seigneurie, les baillis, les échevins, les mayeurs.

1. V. Laurière, Glossaire au mot Nantissement.

A quelle époque ces formalités nécessaires pour transférer la propriété apparaissent-elles? Quelle a été leur origine? Comment se sont-elles développées? Telles sont les questions qui se posent.

Pour les résoudre, nous nous proposons d'étudier, comment la publicité que nous trouvons dans le pays de nantissement à la fin du XVIIIᵉ siècle y fut introduite ; nous rechercherons les institutions qui la contiennent en germe, les différentes causes qui ont pu la faire naître celles qui l'ont modifiée. Pour atteindre notre but, nous serons obligés de déterminer les règles qui présidaient aux mutations de propriété pendant la période Gallo-Franque qui s'étend de l'invasion des Germains, au Vᵉ siècle, à l'organisation du système féodal au IXᵉ siècle; pendant la période féodale qui s'étend jusqu'au XIIIᵉ siècle et pendant la période coutumière.

Nous verrons dans le courant de notre étude, comment les mutations reçurent certaine publicité pendant les premières périodes, comment cette publicité, d'abord générale, fut restreinte et conservée seulement dans certaines provinces du Nord.

PREMIÈRE PÉRIODE

PÉRIODE GALLO-FRANQUE

SECTION I

Les mutations de propriété chez les Gaulois et les Germains.

Au cinquième siècle, quand les Germains firent invasion en Gaule, ils trouvèrent le pays occupé par les Romains, soumis à leur puissance et régi par leurs lois. Le droit romain, depuis l'extension par Caracalla du droit de cité à toutes les provinces de l'empire, avait remplacé le droit celtique. Les règles admises par les Gaulois et conservées par leurs Druides avaient disparu.

Nous n'avons aucun document nous permettant de déterminer d'une façon précise comment avaient lieu les mutations de propriété en Gaule avant l'invasion des Romains. Les Druides, en même temps prêtres, législateurs et juges, jaloux de leur pouvoir, se transmettaient les rites sacrés de leur religion primitive contenus dans des poèmes qu'aucun étranger à leur caste de devait connaître. Nous pouvons admettre que les Gaulois connaissaient la propriété individuelle, mais nous ne savons comment ils la transmettaient, il est probable qu'ils adoptèrent facilement les règles romaines (1).

1. Sur ce point, les historiens les plus autorisés ne sont pas d'accord. MM. Fustel de Coulanges et Henri Martin croient que les

La plus considérable de ces lois est le Bréviaire d'Alaric, qui contient une partie du titre de *contrahenda emptione* du Code Théodosien. Il rend nécessaire la tradition pour le transfert de la propriété à titre onéreux et à titre gratuit (2). Cette tradition devait être faite en présence de plusieurs témoins (3), un écrit devait la constater et nommer les témoins présents (4).

Les Germains à l'époque de l'invasion, avaient conservé les mœurs des peuples nomades : « Nul parmi eux, dit César, n'a de champ déterminé ni de terrain qui soit sa propriété, mais tous les ans. les magistrats et les chefs distribuent des terres aux peuplades en tels endroits et quantités qu'ils jugent convenables, et les obligent à les abandonner l'année suivante : « *Magistratus ac principes,in singulos annos,gentibus cognationibusque hominum, quantum et quo loco visum est attribuunt* » (5), et, d'après Tacite, ils craignaient que l'habitude de cultiver le même champ, en les attachant à la terre, ne leur fît négliger le métier des armes (6).

Au contact des Romains, les mœurs des Germains chan-

traditions gauloises n'ont jamais disparu. M. Giraud est d'un avis contraire. V. Académie des sciences morales et politiques, séances d'avril et mai 1879, dans le *Moniteur universel*, nᵒˢ du 10 avril et 2 juin 1879. V. de Valroger, *Les Celtes et la Gaule celtique.* Duruy, t. III et IV, *Hist. des Romains.*

2. V. *Lex Romana.* Burgund., titre XXXV, loi II ; dans Pertz, *Leges*, t. III. p. 616 et la *Lex Romana Visigothorum.*

3. Recueil de M. de Rozières, form. 195, 214, 257, 270.

4. La formule 265 du recueil de M. de Rozières décrit d'une façon précise cette tradition.

1. César, *Com.*, VI, 22.

2. Tacite, *De mor. German.*, 14. 15, 26.

gèrent, ils apprirent à cultiver le sol qui leur fut concédé, Ces concessions faites aux alliés, *leti*, reçurent le nom de terres létiques, *agri limitanei*. La conquête donna aux Francs-Saliens la terre salique et l'Alleu aux Francs-ripuaires.

Les Germains ne connurent pas, cependant, dès leur invasion en Gaule, la propriété privée. La terre ne fut pas répartie entre les individus, mais entre les familles dont elle devint la copropriété. Les modes de transmission se ressentirent de cet état des biens. Le vendeur put se dépouiller de son droit en faveur de l'acheteur, mais l'aliénation n'était pas définitive tant que les héritiers, investis d'une sorte de saisine même du vivant de leur auteur, n'avaient pas consenti.

Pour obtenir ce consentement, le vendeur transmettait à un tiers, en se conformant aux solennités usitées, la terre dont il voulait se dessaisir, ce tiers faisait acte de propriétaire, recevait ses amis sur le bien qui devait être aliéné, ce n'était qu'au bout d'un an et un jour qu'il remettait la possession à l'acquéreur. Ce délai était donné aux héritiers du vendeur pour faire une sorte d'opposition à la vente; s'ils le laissaient passer sans se plaindre, ils étaient censés consentir à l'aliénation (1).

Ces formalités trop longues furent, sans doute, vite modifiées et simplifiées. On supprima le délai de douze mois et on exigea le concours des héritiers à la vente. La propriété se transféra par une tradition solennelle (*legitima traditio*) faite dans le *mallum* (2), assemblée des

1. Loi salique *De affatomia*.
2. Marculf, form. 19, 20, 40.

hommes libres présidée par le *Comes* chef du canton pendant la guerre et juge pendant la paix.

Le *mallum* avait, du reste, des attributions diverses pendant la période germanique ; on y rendait la justice, on y traitait des affaires publiques et privées. C'était l'assemblée qui délibéraient sur la paix ou la guerre, devant elle se faisaient les mutations de propriété et les affranchissements (1) : « *Si quis alteri aliquid vendiderit et emptor testamentum venditionis accipere voluerit, in mallo hoc facere debet et pretium in præsenti tradat et rem accipiat et testamentum publice conscribatur* (2).

La tradition était accompagnée de formalités symboliques telles que la remise à l'acquéreur d'un bâton, d'un fétu de paille, d'une touffe de gazon, d'un gant, d'un couteau sur lequel on gravait certains signes, etc. (3). Cette tradition se perpétuera au moyen âge, dans tous les pays où dominera l'esprit germanique en Allemagne, en Hollande et dans les coutumes du Hainaut, de Flandre et de Picardie. « Par l'enseignement et le jugement des hommes devant dits nous fummes adhérités (dit un diplôme Gantois du treizième siècle) et li dis hues deshérités et en vuerpi et enfestuca une fie autre et la tierche, si qui nien eut ni retient et nous en fumes enherités bien et à loy » (4).

---

1. Guizot, *Essais sur l'histoire de France*. Essai IV. *De l'état social et politique de la France du V° au X° siècle.*

2. Loi ripuaire, titre LIX.

3. Marculf, formules 19, 20. Lendenbrog, CLIII, CLIV. De Bignon, XVII. Pardessus, *Loi salique*, page 616 et suivantes.

4. V. M. Laboulaye, *Histoire du droit de la propriété foncière en Occident.*

La tradition pouvait aussi être faite en présence de témoins. La loi Salique fixe leur nombre à trois (1), la loi des Alamans a six ou sept : « *Si quis liber res tradere voluerit testes sex vel septem adhibeat* » (2). Celle des Burgondes veut que l'acte de vente soit signé par sept ou cinq témoins ; elle prévoit le cas où il serait impossible de trouver le nombre indiqué ; trois suffiront, pourvu qu'ils jouissent de la considération de tous. « *Idoneos quorum fama nunquam maculata est* » (3).

La loi Ripuaire modifie le nombre des témoins suivant l'importance de la chose à livrer, dans certains cas, le témoignage de trois personnes suffit, pour d'autres, il en faut jusqu'à douze. »

La présence des témoins n'est, du reste, nécessaire que si l'acte ne se passe pas dans l'assemblée des hommes libres du canton : « *Si quis villam aut vineam vel quamlibet possessiunculam ab alio comparavit et testamentum accipere non potuerit : si mediocris res est, cum sex testibus et si parva cum tribus, quod si magna cum duodecim, ad locum traditionis cum totidem numero pueris accedat et praesentibus eis, pretium tradat et possessionem accipiat et unicuique de parvulis alapas donet et torqueat auriculas, ut ei in postmodum testimonium praebeant* » (4). La loi exigeait la présence d'autant d'enfants que de témoins, elle ordonnait à l'acquéreur, après la tradition et le paiement du prix, de leur donner un soufflet et de leur tirer les oreilles, afin, sans

1. *Loi Salique*, titre XLVI.
2. Pertz. *Monumenta Germaniæ historiæ leges*, t. V, p. 45.
3. Titre XCIX. Pertz, t. V, p. 572.
4. *Lex Ripuar.* tit. 60, *de traditionibus et testibus adhibendis*. Voyez form. de Goldast. 90, 91 et 94.

doute, de graver plus profondément dans leur mémoire le souvenir de l'acte auquel ils venaient d'assister.

La tradition était donc faite dans l'assemblée du *mallum* ou devant un nombre de témoins déterminés par la loi, dans les deux cas, elle transférait immédiatement la propriété ; mais, lorsqu'on accomplissait la solennité en dehors de l'assemblée du canton, l'acquéreur faisait donner par le vendeur caution de parfaire l'investiture devant le comte. Cette opinion nous paraît moins exagérée que celle qui n'admet qu'une tradition faite dans le *mallum*. Ces assemblées d'abord tenues souvent, deux fois par mois d'après certains auteurs, devinrent de plus en plus rares, leurs attributions et leur importance diminuèrent. On ne peut admettre que les mutations aient dû forcément se faire, devant des assemblées qui ne se réunissaient qu'une fois ou deux chaque année et peut être moins souvent (1). Mais on peut affirmer que l'usage de donner aux mutations une certaine publicité se maintint. M. Augustin Thierry nous cite un acte de donation qui fut passé au XIVᵉ siècle devant les notables de la ville d'Amiens (2).

La tradition faite dans l'assemblée des hommes libres, assemblée à laquelle tous étaient obligés d'assister (3), avait le double avantage de donner à l'acte certaine publicité et de fournir aux parties intéressées des moyens

1. Guizot. *Essais sur l'Histoire de France*. Essai IV. pages 220, et suiv. De Valroger, *Thèse de doctorat* 1858. Randa. *Étude sur les registres français en Autriche. Bulletin de la société de législation comparée* 1879, page 469 trad. de M. Thevenel.

2. Augustin Thierry, *suite à l'essai sur l'histoire du Tiers État*, page 416. Second frag. des monuments inédits.

3. Guizot, *op. cit*

de preuve en cas de contestation, mais cette tradition simple, telle que nous la comprendrions aujourd'hui, ne suffisait pas. Les peuples primitifs aiment à représenter les différents actes par des symboles qui frappent leurs sens, ils cherchent à matérialiser leurs idées, étudions ces formalités symboliques chez les Germains.

SECTION II

Symboles qui accompagnaient la tradition.

Du Cange, nous indique les symboles qu'on employait le plus souvent pour effectuer les transmissions de propriété. Il faut citer d'abord le bâton parce qu'il fut le plus usité (*traditio per festucam, infestucatio, scotatio*, disent les textes). Le vendeur se dessaisissait de la chose, par la remise d'un bâton à un tiers et ce dernier le remettait à l'acquéreur, « *Ratholdus tradidit et vestivit per durpileam et festucam, sibi foras exutum alienum et spoliatum in omnibus dixit et omnia verpivit* (1). » La loi Salique nous indique comment les choses se passaient dans le *mallum*. « *Et postea tres homines tres causas demandare debent, postea in ipso mallo requirant hominem qui ei non pertinet et sic festucam in laisam jactet* (2) ». Il est question dans ce passage d'une donation, mais les actes à titre gratuit ne différaient pas sur ce point des actes à titre onéreux.

Il y avait beaucoup d'autres symboles, quelques-uns représentaient la chose qu'il s'agissait de transmettre,

1. Klimrath, *histoire du droit public et privé de la France*; travaux pour servir à l'histoire du droit, tome I, p. 355 des œuvres posthumes.

2. *Lex salica* titre 49, *de adframire*.

c'était : une touffe de gazon, un rameau, quand on voulait livrer un champ et les plantations qui s'y trouvaient. D'autres rappelaient l'idée de propriété et du droit que le propriétaire exerce sur la chose ; citons les traditions *per gladium, per virgam, per sagittam, per cutellum, per crocia albatis, per cambutam episcopi, per colamum, per lignum, per lanceam, per annulum, per fëstucam.* On finit par prendre pour symbole, dit Du Cange, tout ce qui se trouvait sous la main « *Denique quidquid ad manum fuit, ad investiturarum symbola adhibitum fuit* (1).

Ces cérémonies symboliques n'accompagnaient pas seulement les mutations de propriété, mais en général tous les actes de la vie des Francs. Celui qui voulait saisir l'immeuble de son débiteur allait trouver le comte qui gouvernait le canton et s'approchait de lui tenant la *festuca*. Ce signe confirmait la déclaration d'insolvabilité. C'était par le jet de la *festuca* que le plaideur se désistait du procès et qu'il déclarait abandonner sa prétention. Enfin, toutes les fois que le Franc voulait affirmer publiquement, il traduisait sa pensée à l'aide de ce symbole. Ce fétu était l'image des armes, celui qui le tenait montrait qu'il était prêt à défendre à main armée la propriété qu'il acquérait, qu'il était prêt à combattre pour soutenir ce qu'il affir.nait (2).

Mais ces symboles n'avaient-ils d'autre utilité que de frapper les sens des contractants, de simplifier l'idée complexe du contrat et de la mutation de propriété ? Je

1. Du Cange, *Glossaire*, au mot *Investitura*.
2. M. Marcel Thévenin, *Nouvelle Revue historique*, année 1880.

ne le crois pas, ils servaient en même temps de preuve.
Le crédit chez les peuples primitifs était peu étendu, chacun avant de se dessaisir de sa propriété exigeait la remise d'une prestation équivalente. Quand le vendeur
voulut accorder un terme à l'acquéreur, il reçut publiquement un signe constatant sa créance, une pièce d'or
par exemple.

Dans d'autres cas, le symbole fut un moyen de preuve
de la propriété de l'acquéreur. Du Cange parle d'un couteau à poignée d'ivoire sur laquelle étaient gravés ces
mots : « *Hic custellus fuit Fulcheri de Buolo, per quem Wido
dedit areas Drogonis archidiaconi Ecclesiæ sanctæ Mariæ,
ante eamdem ecclesiam sitas pro anniversario matris suæ* ».
Cette preuve était conservée avec soin pour la produire
en justice devant les Rachimbourgs. Mais les objets donnés étant d'un usage commun pouvaient être détournés ;
on avait pris l'habitude de les détériorer, on brisait l'anneau, on émoussait le glaive ; s'il y avait eu tradition
per lituum, on rompait le bâton dont on s'était servi.

La tradition, faite dans la forme que nous venons d'indiquer, suffisait à transférer la propriété ; mais à côté de
ce mode de transmission, l'habitude de dresser un acte
de vente s'établit. « Il était d'usage, nous dit Klimrath,
chez les Francs, les Goths et les Alamans, de poser l'en-
crier et tous les objets symboliques sur l'écrit et de l'élever ainsi chargé, « *chartam levare* ». Dans certains cas la
propriété était transférée dès que l'écrit était dressé,
sans qu'il fût besoin de se conformer aux solennités de

la tradition, quelques textes mettent sur la même ligne les deux modes de transfert (1).

Ces modes employés par les barbares pour effectuer les mutations de propriété, donnaient à ces mutations une grande publicité. Cette publicité paraîtra très étendue, si l'on songe aux relations qui existaient entre les hommes à ces époques primitives. La tradition se faisait devant l'assemblée des hommes libres présidée par un magistrat électif, on y donnait acte des mutations, en même temps que l'on s'occupait des affaires publiques. Du reste, toute transmission touchait l'intérêt général ; les chefs des tribus avaient le plus grand intérêt à connaître ceux qui devenaient propriétaires des terrains sur lesquels s'étendait leur domination. Tout propriétaire était en même temps un homme d'arme sur lequel on devait compter aux jours de lutte.

Ne cherchons pas cependant dans cette publicité un moyen de crédit public, ni une garantie pour les tiers. Il nous suffit de la signaler pour montrer quelle a été son origine, comment elle s'est conservée dans les pays du nord de la France, et comment, sous les influences nouvelles, elle se développera, deviendra un moyen de crédit et de protection.

1. Loi des Ripuaires, titre L, al. 48. Consult. l'ouvrage de M, Esmein, Etude sur les contrats dans le très ancien droit français. *Nouv. Revue historique*, année 1880, pages 673-674.

SECONDE PÉRIODE

PÉRIODE FÉODALE

SECTION I

Condition des terres.

Pour étudier comment se faisaient les transmissions de biens, il est, croyons-nous, nécessaire de savoir, quelle était la nature des biens à transférer et à quel régime général ils étaient soumis, de connaître ceux à qui ces biens appartenaient.

La féodalité est née des diverses positions qu'avaient les terres, les unes vis-à-vis des autres, de leurs rapports spéciaux. Les grands propriétaires, les seigneurs, pour se faire des vassaux qui les aideraient à défendre leurs domaines et aussi pour tirer profit de leurs biens, les concédèrent à différents titres : inféodations, bail à cens, retenant pour eux le domaine direct et la redevance et laissant au tenancier le domaine utile. Les petits propriétaires de terres libres, c'est-à-dire d'alleux, craignant le trouble de leurs voisins plus puissants, dans ces temps ou les rapports de droit se réglaient plutôt à main armée que devant la justice, remirent aux grands leurs alleux et les reprirent à titre d'inféodation.

Ceux qui tenaient un bien d'un seigneur à un titre quel-

conque, n'eurent d'abord qu'un droit de jouissance tout
personnel et viager, ils ne purent transférer leur propriété à titre onéreux, ni à titre gratuit. A mesure que l'on
avance dans l'histoire de la propriété, on voit que la
tenure pût passer aux descendants et enfin à un acquéreur. Mais, quand le propriétaire voulait se dépouiller de
son droit, il était obligé de remettre la terre au seigneur
abandonnant en ses mains ce qu'il avait reçu de lui et le
priant de reconcéder à l'acheteur. Au XIe siècle, quand
un droit est transmis, il l'est par l'intermédiaire du seigneur. Bientot ce dernier sera obligé de donner son consentement moyennant une redevance, le tenancier n'ayant
pas la propriété pleine, ne pouvait la transmettre sans
être autorisé.

Aucune terre, à l'époque féodale, ne répondait à l'idée
que nous avons de la propriété actuelle. Certainement il
y avait des terres libres, des alleux comme on les appelait,
allos, mais le propriétaire d'alleu avait une propriété plus
complète que le propriétaire moderne. Aucune servitude
d'intérêt général ne pesait sur l'alleu, aucune interdic-
tion de pêche ni de chasse n'existait, de plus, à certaine
catégorie d'alleux étaient attachés des droits souverains,
comme ceux de rendre la justice et de faire la guerre.
Il y avait deux espèces d'alleux, l'alleu noble et l'alleu
roturier, suivant qu'il avait ou non des dépendances
féodales.

A côté de l'alleu, dans la hiérarchie des terres, on
trouvait le fief, bien noble, mais qui devait au seigneur
dominant certains services, tels les services militaires et
de justice, ou certaines marques de dépendance comme

la foi, l'hommage, le dénombrement, etc. Le fief était toujours un bien noble.

L'alleu et le fief n'étaient pas les deux seules espèces de biens. Une troisième classe, ou plutôt, un troisième état de la terre, était la censive. C'était le bien baillé à cens, c'est-à-dire, moyennant une redevance annuelle.

La censive était toujours une terre roturière.

Abordons maintenant la question que nous nous sommes proposée : Comment pendant la période féodale s'accomplissaient les mutations de propriété immobilière.

SECTION II

Des mutations de propriété à titre onéreux.

Si nous examinons les documents que nous possédons, nous voyons que dans l'ancien droit comme à Rome, le contrat ne suffisait pas à transférer la propriété. L'acheteur après le contrat n'était pas propriétaire, il n'était que créancier. Pour devenir propriétaire, il devait exiger une transmission symbolique et solennelle.

Comment les choses se passaient-elles quand le vendeur voulait rendre l'acquéreur propriétaire ? Le droit féodal avait sur ce point conservé les traditions de la période barbare. La propriété ne pouvait être transmise sans l'accomplissement de certaines formalités, ces formalités étaient publiques, souvent faites devant des officiers spéciaux. Il en résultait un grand avantage pour les tiers, pour ceux qui ont intérêt à connaître les charges qui pèsent sur l'immeuble. Nous nous attacherons à démontrer que pendant la période féodale les mutations étaient publiques.

8

Quels sont les premiers documents où nous trouvons la publicité des mutations?

Les assises de Jérusalem sont la reproduction de certaines coutumes de France que Godefroy de Bouillon fit rédiger pour régler les droits des chrétiens dans le royaume qu'il fonda en 1099. Nous y trouvons des ventes publiques, c'est-à-dire, faites devant le vicomte et devant les jurés.

Après la vente, le vendeur se dessaisit entre les mains du vicomte qui, lui-même, saisit l'acquéreur. L'acte décrit l'immeuble, ses tenants et aboutissants et s'exprime ainsi : « *Le dessus nommé sire se dessaisit dou devant dit héritage et en saisit le visconte, lequel en saisit le devant dit* » (1).

Au chapitre XXII, on voit un autre exemple d'acte translatif symbolique : « *Et puis le vendeur doit offrir la saizine au visconte, c'est assaver par une verge que les viscontes doivent avoir souvent en la main et doit dire : « Je, Johan, me dessaizis dou devant dit héritage et ces droits et ces raizons et vous ensaizis messire le visconte. » Et le visconte doit recevoir cette saizine par cette verge et doit mettre en saizine le dit Pierre* (l'acheteur) *et dire : « Pierre, je vous ensaizis, en présence de la court, dudit héritage que Johan vous a vendu* » (2). Nous trouvons à la suite de la description de l'ensaisinement le tarif des droits à percevoir, ces droits étaient répartis entre le seigneur, l'*escrivain*, qui faisait une sorte de procès-verbal, et les *sergans*, ce

1. *Assises de Jérusalem*, édit. Beugnot, tome II, page 99, avec une déclaration citée par Paoli, tome I, page 265.
2. *Assises de Jérusalem*, tome II, ch. XXII.

qui prouve qu'on ne se contentait pas au XIII° siècle de la cérémonie, mais qu'on en dressait acte. L'annotateur des assises nous dit que cette publicité était commune au moyen âge et qu'en France tous les actes translatifs de propriété devaient être passés devant les juridictions bourgeoises. Il pense que l'uniformité du droit qu'elles percevaient sur toutes les ventes, quelle que fût la valeur de la chose vendue, montre que l'esprit de fiscalité resta étranger à l'établissement de cette coutume. La somme perçue n'est, à cette époque, qu'un salaire payé en échange de la sécurité donnée à l'acquéreur et de la permission de vendre accordée par le seigneur. Plus tard, chaque mutation donnera lieu à la perception d'un véritable impôt proportionnel.

On rencontre dans les *Assises de Jérusalem* plusieurs passages où il est question de l'ensaisinement public accompli dans la cour du seigneur (1).

Nous pouvons comparer les *Assises de Jérusalem* avec l'*Ancien coutumier d'Artois*, la publicité des mutations de propriété y est organisée de la même manière, la formalité symbolique est identique : « *Il convient le vendeur, rapporter tout l'héritage par raison et baston en la main dou seigneur pour ahireter l'acheteur* » (2).

Le seigneur recevait des mains du vassal un bâton, symbole de la propriété, et le remettait à l'acheteur ; cette cérémonie se passait en public et devant des juges, comme le prouve le passage suivant :

« *Le rapport se fait en ces manières, li sire doit conjurer*

1. *Assises de Jérusalem*, édit. Beugnot, tome II, chap. XXVIII.
2. *Ancien coutumier Artois*, chap. XXIV, §§ 5 et 6.

*ses hommes, si en ont tant fait qu'ils n'y aient mais droit,
demander leur doit qu'il en a à faire; et ils doivent dire par
jugement que li sire en ahiretece l'acateur. Li sire doit tantot
ahireté demandé avant au vendeur si se tient por paiet et lui
seur de sa droiture; saisir le doit en disant : Je vous en saisi
sauf tous droits, en main, comme cette figure le monstre. Ce
fait, li sire doit conjurer ses hommes s'il en est bien ahireté et
a loy. Sil en est ensi fait, il en est fait bien et sollenpneument et
comme drois et coustumes le requiert »* (1).

Le seigneur, pendant cette cérémonie, tenait le bout
d'un bâton, l'acheteur tenait l'autre, plusieurs hommes
de fiefs ou plusieurs censitaires, suivant qu'il s'agissait
d'un fief ou d'une censive, étaient présents (2). Le seigneur devait conjurer ses vassaux, c'est-à-dire leur demander s'il y avait eu contrat, s'il était valable et leur
avis sur ce qu'il devait faire. Ce qu'il importe de constater, c'est que la cérémonie se passait devant une cour de
justice. La conjure sera conservée dans le pays de nantissement, nous la retrouverons plus tard.

Cette publicité, que nous trouvons dans l'*Ancien coutumier d'Artois*, paraît remonter très haut. Merlin nous cite
à ce sujet une charte de 1284 où l'empereur Rodolphe
condamne l'usage qui s'était introduit à Combrai d'aliéner les immeubles sans le concours des échevins : « *Nos,
volentes malitiis talium obviare et jus suum cuique salvum
fore, declaramus, statuimus et ordinamus, ut venditiones,
alienationes, ingressus et exitus, domorum et hereditatum
prædictarum, per dictos Scabinos nostros et non alio modo*

1. *Ancien coutumier d'Artois*, chap. XXIV, § 7 et 12.
2. V. la figure qui se trouve dans l'ouvrage de Maillart.

fiant et quod secus hactenus factœ vel in posterum faciendœ non valeat, nec alienis per tales venditiones ingressus et exitus causa, sive jus præscriptionis aut aliquod commodum acquirantur. Sed pro infectis pœnitus habeantur (1).

Jusqu'ici nous avons, croyons-nous, montré que certaine publicité des transmissions de propriété existait, dans les pays du nord de la France. En était-il de même dans les autres coutumes? Les formalités de l'investiture pour les fiefs et de l'ensaisinnement pour les censives, existaient-elles ailleurs qu'en Artois? On peut l'affirmer. Nous lisons dans le *Grand coutumier* que le vendeur doit aller, dans les huit jours après la vente, trouver le seigneur et lui dire : « *Sire, j'ai vendu à tel, tel héritage, ou tel cens, ou telle rente, sur tel héritage mouvant de vous en censive, pour tel prix. Je m'en dessaisi en votre main et vueil et vous requiers que le dit acheteur ensaisiniez* » ; ce fait le seigneur doibt bailler la saisine à l'acheteur et dire: « *Je vous en saisis et vous mets en saisine de tel héritage, sauf mon droit et l'autrui en toute chose* » (2).

Il en était de même en Beauvoisis, Beaumanoir nous donne de nombreux détails sur l'investiture et la saisine (3).

Les formalités de l'ensaisinement sont décrites par les auteurs les plus anciens avec un soin minutieux (4). Par-

1. V. Merlin, *Répertoire*. Au mot *Nantissement*.
2. *Grand coutumier de France,* édition de MM. Laboulay et Dareste. Liv. II, ch. XXIII.
3. Beaumanoir, *Coutume Beauvoisis,* ch. 34, p. 175, 176. Chap. 44, page 249.
4. Loisel, *Institut cout.*, liv. IV, tit. III. *Etabliss. de Saint-Louis,* II, 18.

tout nous trouvons le symbolisme, investiture par la terre, le bâton, la lance, le couteau, l'anneau, et la plupart des symboles que Du Cange signale chez les Germains.

Jusqu'ici, nous nous sommes attachés à décrire les solennités féodales qui avaient pour but les transmissions de propriété. Les cérémonies variaient et portaient des noms différents suivant les pays. C'était: l'investiture pour les fiefs, le vest et le devest pour les censives, mais nous les trouvons toujours accompagnant chaque mutation. Le contrat, nous l'avons déjà dit, ne suffisait pas à transférer la propriété.

Résultait-il de ces formalités une publicité, nous le croyons et c'est l'opinion des auteurs coutumiers. Dumoulin nous dit qu'au moyen âge, après l'investiture, il était fait mention de la cérémonie sur un registre public en présence des témoins appelés au contrat et des juges présents à l'investiture. Il s'exprime en ces termes dans son *Commentaire sur le titre des fiefs*: « *Et solebant olim investituræ publicæ fieri, præsentibus ministris et testibus, in libro vel cartophylacio ad hoc destinato inscribebantur scripturæ et sic inerat quædam publicatio.* » Dumoulin pensait que cette relation sur un registre spécial donnait une certaine publicité aux mutations (1).

Brillon est du même avis quand il dit dans son dictionnaire: « Les ensaisinements doivent être écrits sur un registre en bonne forme; le registre doit être communiqué indifféremment à tout le monde » (2).

---

1. Dumoulin, *Sur le titre des fiefs de la coutume de Paris*. Glose, 1, § 29 et § 30.
2. V. Brillon. *Dictionnaire des arrêts*, au mot *Ensaisinement*.

Il résultait des actes solennels d'investiture et d'ensaisinement, une publicité, ceci nous paraît incontestable, la cérémonie ayant lieu devant la cour du seigneur ou devant des juges royaux, comme le prouvent les passages cités plus haut. Ces solennités seules auraient suffi à donner la publicité aux mutations, à une époque où les relations étaient peu étendues et les transactions locales, à une époque où chacun savait facilement ce qui s'était passé devant la cour royale ou seigneuriale. Mais des écrivains dignes de foi, nous disent que le souvenir des solennités était conservé sur des régistres spéciaux que tous pouvaient consulter. On remédiait au manque de mémoire des témoins ou à leur mauvais vouloir.

Dans quel but avait été établie cette publicité ?

Nous ne croyons pas que la publicité fut établie dans le but de sauvegarder l'intérêt des tiers, c'est-à-dire du second acquéreur, des créanciers hypothécaires et chirographaires du vendeur, etc. — Ces solennités d'investiture sont d'origine germanique « l'acte positif de la transmission de propriété, dit un auteur célèbre, devait se manifester par de poétiques et gracieuses procédures où les parties venaient comme sur un théâtre, jouer une pantomime, réciter des formules (1) ». L'investiture donnée par le seigneur en forme solennelle, l'inscription sur un régistre, étaient d'abord, comme la reconnaissance de seigneurie, comme le dénombrement, la foi, l'hommage, une obligation imposée au vassal. Elles étaient exigée, primitivement, plutôt dans l'intérêt du seigneur que

1. Troplong, *Traité de la Transcription.*

dans l'intérêt de tous. Mais, les tiers profitèrent vite de ces obligations qui sauvegardaient leurs droits, et à une époque très reculée, les textes signalent une préoccupation en ce sens. Le seigneur, dans l'Ancien Coutumier d'Artois, donne l'ensaisinement « sauf tous droits en main » (1). Et l'empereur Rodolphe, dans sa charte de 1284, ordonne que les ensaisinements, à Cambrai, seront faits devant les échevins « *nos volentes jus suum cuique servare* » (2). Il semble que l'idée de protéger les tiers prit naissance dans les pays qui avaient des coutumes d'origine germanique, c'est-à-dire dans ceux du nord de la France, c'est là qu'elle se conservera tandis qu'elle sera oubliée par les autres coutumes. Cependant, nous le répétons, les formalités usitées pour les mutations de propriété, n'eurent pas, d'abord, pour but la publicité, la conservation des droits des tiers. De même que les Romains arrivèrent à la représentation par des moyens détournés, et au cautionnement par le mandat, de même à la fin de la période féodale, au XIII° siècle, les formalités d'investiture et d'ensaisinement servirent comme moyens de protection pour les tiers.

A ceux qui prétendraient que les formalités et les livres qui les constataient n'étaient qu'un hommage pour le seigneur dominant, nous répondrions que la publicité existait même pour les mutations d'alleux, terres libres par excellence ; leur transmission a lieu devant les magistrats de la cité et c'est le vendeur qui en investit di-

1. *Ancien coutumier d'Artois*, ch. XXIV, § 17 et 12.
2. Merlin, au mot *Nantissement*.

rectement l'acheteur (1). Le droit français d'Orient, nous offre un témoignage précieux de leur mode de transmission. A Jérusalem, le comte ensaisinait l'acheteur devant la cour (2). L'article 132 de la coutume de Paris nous fournit une autre preuve, il s'exprime ainsi : « L'an du retrait du propre héritage tenu en Franc alleu ne court que du jour que l'acquisition a été publiée et insinuée au plus prochain siège royal ». La publicité des mutations d'alleux existait donc lors de la rédaction de la coutume de Paris, elle existait aussi en droit germanique, puisque la tradition se faisait *in mallo*. On peut affirmer que pendant la période intermédiaire il en fut de même.

Les coutumiers parlent peu des alleux, parce qu'ils étaient rares. Mais en se fondant sur la généralité des termes qu'ils emploient, on peut dire que les transmissions de propriété pouvaient être facilement connues. Suivant l'ancien coutumier d'Artois : « *Héritages ne peuvent être obligés, donnés entre vifs, ni aumônes, par devant autres juges que par celui et par ciaux qui l'héritage ont à justicier et à jugier* (3).

Quelles étaient les formes de l'ensaisinement par le juge pour les alleux ? Le *Grand Coutumier de France* nous les indique d'une façon générale, et nous avons d'autres textes plus précis qui nous poussent à croire qu'elles étaient les mêmes que pour l'investiture et l'ensaisine-

1. *Revue critique*, tome XIV, article de M. Aubépin : *Histoire du droit* ; v. Klimrath, *Travaux sur l'histoire du droit français*, t. II, *Étude sur la saisine.*

2 *Assises de la Cour des Bourgeois*, édit. Beugnot, tome II, ch. 22

3. *Ancien coutumier d'Artois*, ch. 22, § 1.

ment des fiefs et censives (1). Il faut cependant remarquer que la tradition qui constitue la translation de la propriété, et qui est une formalité civile ne se confond pas avec l'investiture qui crée le lien féodal, souvent nous nous sommes servis du même mot pour désigner ces deux solennités parce que nous n'en trouvions pas d'autre s'appliquant à chacune.

Nous venons d'étudier la transmission de la propriété immobilière à l'époque féodale, nous nous proposons maintenant d'étudier la transmission des autres droits réels : *Rentes, Hypothèques, Servitudes.*

SECTION III

De la publicité des droits réels.

Nous insisterons peu sur ce point, qui sort des limites de notre sujet, la transcription ne s'appliquant ni aux rentes ni aux hypothèques. Pour acquérir un droit quelconque sur un immeuble, il fallait se faire ensaisiner par le seigneur de qui l'héritage mouvait. Beaumanoir nous le dit (2). L'ancien coutumier d'Artois nous apprend que les héritages ne peuvent être obligés que par devant les juges (3). La forme de l'ensaisinement était la même que pour la mutation de la propriété d'un immeuble. On transférait la saisine à titre de rente, d'hypothèque, de servitude, de ferme, de louage, d'engagement, de douaire, etc. (4)

1. Galland : *Franc Alleu.*, chap. 20.
2. Beaumanoir, *Cout. de Beauvaisis*, ch. 34, p. 175-176, ch. 44, p. 249.
3. *Ancien coutumier d'Artois*, ch. 22.
4. Même ouvrage, ch. 21.

Les rentes constituées ou foncières étaient des charges dues par les fonds sur lesquels elles étaient assignées
spécialement, ces rentes étaient, primitivement, non rachetables. Le rachat des rentes foncières fut permis, dans
quelques villes du nord, au commencement du XIVᵉ siècle mais ce privilège ne fut étendu à tout le royaume
qu'en 1553, par Henri II (1).

Comment s'acquérait la propriété de ces immeubles ?

Laurière nous dit, qu'anciennement les rentes étaient
perpétuelles ; quand elles étaient assignées sur des fiefs
ceux qui les avaient acquises en entraient en foi, quand
elles étaient assignées sur des héritages en roture ils
en prenaient saisine et payaient les lods et ventes, comme s'ils avaient acquis une partie des fiefs et des héritages tenus roturièrement : « Par l'inféodation et par l'ensaisinement que l'on n'omettait point, les constitutions
de rentes étaient rendues publiques et connues de tout
le monde (2) ».

Jean des Mares nous dit que, de son temps, l'acquéreur d'une rente devait, ou prêter foi et hommage ou être
ensaisiné (3).

On observait pour les rentes les mêmes formalités que
pour les fiefs. Celui qui se réservait la rente se dessaisissait de tout le fief entre les mains du seigneur de qui
l'héritage était mouvant. Ce dernier ensaisinait l'acquéreur, du fonds, et le vendeur, de la rente. Pour les
mutations de rentes comme pour celles des autres im-

1. Isambert, t. XII, p. 645.
2. Laurière, sur l'art. XCIX, de la *coutume de Paris.*
3. Jean des Mares, *Décisions,* 221, 277, 364.

meubles, la publicité existait; nous avons, pour le prouver, l'opinion de Laurière qui dit : « Anciennement, les inféodations et les ensaisinements étaient autant publics que le sont aujourd'hui les publications et les insinuations (1) », il cite à l'appui Dumoulin qui prétendait que les investitures et ensaisinements étaient publics au moyen âge. (2).

Le *Grand Coutumier* ajoute à ces preuves et constate pour les rentes une publicité véritable à la fin du XIII⁰ siècle. D'après lui : « Le propriétaire tenant d'aucuns héritages est contraint d'acquitter et païer les rentes et charges qu'on y prend et y sont dues (3). »

Celui qui détenait un immeuble était considéré comme ayant toujours eu connaissance des rentes qui le grevaient lors de l'acquisition ; c'est qu'il était garanti par la publicité. Nous savons en effet qu'après la période féodale cette publicité cessa et qu'alors il fallait distinguer entre le possesseur qui avait eu connaissance de la rente et celui qui ne l'avait pas eue.

L'histoire nous a conservé des exemples d'ensaisinement de rentes. En 1296, le prévôt et les échevins de Paris saisissent d'une rente en ces termes : « Laquelle *sésine* nous la bailliâmes sauf tous droits et le droit d'autrui (4) ». Le rentier devait se présenter devant la juridiction du prévôt et des échevins pour être ensaisiné.

---

1. Laurière, *Sur l'art. XCIX de la Coutume de Paris.*
2. Dumoulin, *Comm. de la Coutume de Paris*, titre des fiefs, Gloss. I, § 30.
3. *Grand Coutumier*, liv. III, ch. XXV.
4. Sentences du parloir aux Bourgeois, 27 juin 1296, p. 132.

Si des rentes nous passons aux hypothèques, nous trouvons, même à l'époque féodale un commencement de publicité. Le droit germanique et le droit féodal primitif ne considéraient pas les biens comme devant répondre des dettes, cependant, au XIIIe siècle, on réagit contre ce système. Beaumanoir nous montre le fermier donnant ses meubles comme sûreté du paiement des loyers (2). La pratique, pour garantir l'exécution des engagements, mit en vigueur la clause d'obligation de tous biens, ou d'un bien particulier ; c'était arriver à l'hypothèque. Les auteurs coutumiers n'eurent pas une conception bien nette de l'hypothèque avant la renaissance du droit romain, aussi lui empruntèrent-ils sa théorie à ce sujet.

Mais l'hypothèque fut-elle toujours occulte, comme à Rome ?

On conçut d'abord difficilement la possibilité d'acquérir un droit sur une chose sans tradition, la jurisprudence arriva, pour satisfaire aux besoins du commerce, à substituer à la tradition effective de la chose une tradition feinte et donna aux actes de certains officiers publics le pouvoir de constituer un droit réel. Mais jamais, dans les pays de coutumes, la simple convention par acte sous seing privé n'a suffi pour constituer hypothèque. Il fallait un acte reçu par les officiers du roi ou du seigneur, l'hypothèque n'était pas créée par la simple convention entre les parties,

Dès le XIIIe siècle, l'hypothèque existe en France et y est régularisée par une certaine publicité. D'après Beau-

---

2. Beaumanoir, ch. XXXIV.

manoir, on peut obliger ses biens généralement et spécialement, il nous montre les fraudes que peut commettre un débiteur qui a obligé ses biens (1). Quand le débiteur a accordé une sûreté, il ne peut vendre, donner l'immeuble grevé, en fraude des droits des créanciers, mais c'est à eux de prouver leur titre antérieur et le seigneur est juge de l'antériorité. Pour acquérir un droit sur un héritage, il fallait traiter avec le propriétaire et se faire investir ou ensaisiner par le seigneur (1). Il suffisait aux créanciers, pour faire respecter la sûreté qu'ils avaient acquise, de faire intervenir le seigneur : « *Car li Sires qui est accordé a un obligement pour son sougiet ne puet puis souffrir autre devant que li premiers convenans est accompli* (3). » Si débiteur donne l'héritage hypothéqué, le seigneur doit, avant de saisir le donataire, voir si la donation n'a pas pour but de frauder les créanciers qui ont des droits sur l'immeuble : « *Li dons qui sont fet apres ce que li héritage sunt obligés généralement, ne sont pas et ne doivent estre il damace des créanciers* (4). » Bouteiller exige aussi l'autorisation du seigneur pour faire porter l'obligation sur des immeubles (5).

Mais les formalités d'investiture et d'ensaisinement qui donnaient à l'hypothèque certaine publicité et protégeaient les créanciers disparurent vite, quand la théorie de l'hypothèque fut empruntée au droit romain. Ce sys-

1. Beaumanoir, ch. LXX, n. 10 à 12 ; ch. LIV, n. 4 et 5.
2. V. M. Esmein, *Etude sur les contrats dans le très ancien droit français*, p. 187.
3. Beaumanoir, ch. LIV, n. 5 *in fine*.
4. Beaumanoir, ch. LXX, § 10.
5. *Somme rural*, I. 25, édit. Char. p. 138.

tème ne fut pas accepté dans *les pays de nantissement ;*
leurs anciennes coutumes ne permettent d'hypothéquer
les immeubles qu'en accomplissant certaines formalités.
Il ne suffisait pas, pour y acquérir hypothèque, d'avoir
un titre passé par devant des officiers publics, il fallait
encore le faire nantir dans la juridiction du lieu où
étaient situés les biens. En Artois, il fallait se présenter
devant le juge ou les juges qui avaient l'héritage à *justi-*
cier (1), c'est-à-dire le seigneur et ses hommes. Si la dette
n'était pas payée à l'échéance, le créancier devait s'a-
dresser au seigneur. « Si le débiteur n'avait ni meubles
ni catteux li sires saisirait l'éritage et l'en ferait payer »,
ou bien le créancier pouvait vendre l'héritage avec la
permission du seigneur et des vassaux « qui iraitage ont
à jugier » (2).

En Vermandois, en Amiennois, dans la Chatellenie de
Lille, il fallait rapporter l'héritage en la main du seigneur (3).

La coutume de Haynaut dit qu'il y a « *deux manièree*
d'obligacions, l'une si est de soy obligier par rapport d'héri-
ritaige fait et passé à loy et dont le seigneur en serait servi
ou en fait à son gré. L'autre manière d'obligacion si est
quand uu homme de fief se oblige sur son seel ou quand on se
oblige devant un homme de conte ou quand se oblige devant
les eschevins de ville privilégiée » (4).

Le principe de spécialité et de publicité de l'hypothè-

1. Anciens usages d'Artois, titre XXII, art. 1 à 6
2. Cout. d'Artois, art. 75. Maillart, p. 12 et 595.
3. *Somme rural,* I, 25, éd. Char., p. 138.
4. *Somme rural,* édit. 1486, f. 39, col. 1.

que trouvait une garantie complète dans les pays de nantissement, grâce aux formes antiques de l'adhéritance.
Les anciens coutumiers, comme on vient de le voir, ne
se contentent pas de parler de la constitution de l'hypothèque, ils s'inquiètent des suites quelle peut avoir et
décrivent la saisie ; notons toutefois que les textes ne
s'accordent pas toujours sur ce point (1).

La publicité n'est pas autant développée dans le centre
que dans les coutumes du Nord, mais elle existe. Quand
le seigneur et sa cour auront approuvé l'engagement du
débiteur, le créancier aura pleine sécurité (2). Il était
possible, nous ne dirons pas facile, de savoir si le bien
avait primitivement été affecté au paiement d'une autre
créance.

Cette publicité, que nous croyons avons montrée, dura
peu, nous n'en trouvons nulle trace dans le *Grand Coutumier* ni dans les coutumes notoires (3). « Les coutumes
de nantissement forment l'exception, et, dans le reste de
la France on admit bientôt que l'hypothèque ou obligation résultait du simple contrat » (4).

Arrivons maintenant aux servitudes. Trouvons-nous
dans les documents antérieurs à la rédaction des coutumes des passages ayant trait à leur publicité.

Cette publicité, comme celle des mutation de propriétés,

1. M. Tardif, dans son *Coutumier d'Artois*, publié en 1883, ne
reproduit pas textuellement l'édition de Maillart.

2. V. Beaumanoir, *loc. cit.*

3. Coutumes notoires, art. 162-165, *Grand Coutumier*, L. II, ch.
XV, *De l'exécution des lettres.*

4. M. Esmein, *Etude sur les contrats dans le très ancien droit français*, p. 192.

ne peut être étudiée ici que pour les servitudes établies
par titre.

Nous avons vu que les transmissions de propriété, les
constitutions d'hypothèques, de rentes, étaient rendues
publiques par les solennités qui les accompagnaient ; ce
principe existait pour toute espèce de droits sur les
choses, c'est l'opinion de Klimrath qui nous dit : « Suivant Beaumanoir, le nouvel acquéreur, s'il était en saisine du seigneur, pouvait expulser ceux qui avaient
acheté les fruits de plusieurs années ou qui tenaient à
ferme ou à louage ou en nantissement, à moins qu'ils
n'eussent, eux aussi, été mis en saisine comme d'engagement par le seigneur de qui l'héritage mouvait ». (1).
On peut conclure de ce passage qu'au temps de Beaumanoir, pour acquérir un droit, il fallait accomplir les formalités que nous avons décrites précédemment.

Il est bien certain que dans les pays de nantissement,
aucune constitution de servitude ne pouvait être faite
sans comparaître devant le seigneur et les juges, selon
les formes usitées. Aucun droit réel ne pouvait être acquis sans ces formalités et les servitudes ne faisaient
pas exception (2). Si l'on nous objecte que les anciens
usages d'Artois parlent des transmissions de droits réels
en général, mais ne se servent pas du mot servitude.
Nous répondrons que la première coutume, celle de 1509,
maintient les solennités antérieures et elle ne paraît
pas avoir innové sur le mode de constitution des servitudes.

1. Klimrath, *Etude historique sur la saisine*, page 377. V. Beaumanoir, *Cout. de Beauvaisis*, ch. 34, p. 75 et ch. 44, p. 249.
2. Anciens usages d'Artois, ch. XXIV.

9

Nous croyons avoir montré que les mutations de propriété à titre onéreux recevaient une certaine publicité
avant le XIVe siècle. Occupons-nous, maintenant des mutations à titre gratuit, c'est-à-dire de celles qui suivent
les donations entre-vifs et les actes de dernière volonté.

SECTION IV

Publicité des donations et des actes de dernière volonté.

Comme dans la matière des transmissions à titre onéreux, nous ne nous occuperons ici que de l'acte qui transférait la propriété, laissant de côté le contrat ou le testament.

Pour qu'un héritage devînt la propriété du donataire
ou du légataire, il fallait, non seulement un acte générateur créant une obligation, mais encore un acte solennel
translatif de propriété. Jusqu'à l'accomplissement de cet
acte, le donataire n'était qu'un créancier ; pour devenir
propriétaire il devait recevoir la saisine. Cette saisine
n'était donnée, dans les anciennes coutumes de Paris, que
par la dessaisine entre les mains du seigneur qui saisissait lui-même le donataire. Le grand Contumier dit à ce
sujet : « Nota que par la coutume de la prévôté de Paris,
nulle saisine n'est acquise à aucun, ni de droit, ni de fait
jusqu'à ce que la dessaisine soit faite en la main du seigneur temporel.... et jusques à ce que par le seigneur
temporel l'on ait eu la saisine (1). » Pour qu'il y eût
translation de propriété, il fallait, non seulement la tra-

1. *Grand coutumier* de Charles VI, page 140.

dition réelle de la chose donnée mais de plus l'investiture ou l'ensaisinement, suivant qu'il s'agissait d'un fief ou d'une censive.

Nous trouvons encore, dans les *Sentences du Parloir aux Bourgeois*, la preuve que les donations pour être parfaites, devaient être entourées de solennités. Mais à Paris, c'était le prévôt des marchands et les échevins de la ville qui exerçaient les droits des seigneurs féodaux. Un acte de l'année 1300 s'exprime ainsi : « *De maison située en notre censive et seigneurie le donateur se dessaisit en notre main et sesimes le donataire* (1). « Un autre de 1304, est conçu dans le même sens : « *Vint par devant nous Mgr. Imbert de Romain, chevalier, et se dessaisit en notre main d'une maison qu'il avait rue de la Harpe en notre terre et en saisimes Henry, donataire, sauf notre droit et le droit d'autrui* (2).

Personne, à Paris, ne pouvait devenir propriétaire s'il n'avait été ensaisiné *réellement et de fait* par le seigneur dominant ou par les officiers de ce seigneur.

Nous voyons la même règle admise par Beaumanoir(3). Il en était de même dans les pays de nantissement, toute mutation dans ces pays se faisait devant le seigneur et sa cour ou devant les juges royaux suivant que l'héritage relevait d'un seigneur ou du roi.

Les donations entre-vifs, comme les mutations de propriété à titre onéreux, étaient donc accompagnées de forme solennelles, qui peuvent être considérées comme leur donnant certaine publicité.

1. *Sentences du Parloir aux Bourgeois*, 11 janvier 1300, p. 150.
2. Même ouvrage, 19 octobre 1304, p. 163.
3. Beaumanoir, chap. LIV.

Étudions, maintenant, les mutations qui avaient pour cause la mort du propriétaire, soit qu'il fut mort intestat, soit qu'il eut laissé un testament.

La règle le mort saisit le vif n'existait pas dans l'ancienne coutume de Paris. D'après les Coutumes notoires, les Décisions de Jean Desmares, et le Grand coutumier, l'héritier, après la mort du *de cujus*, n'a pas la saisine de droit, il fallait pour être saisi qu'il eût prêté la foi et l'hommage ou qu'il fût en souffrance. « *Le fils n'est saisy ni possesseur du fief de son feu père jusques à temps qu'il en soit foi et hommage ou souffrance du seigneur du fief.* » (1) Ce sera le seigneur direct qui sera saisi immédiatement après la mort du vassal ; avant de passer à l'héritier, le fief retournera d'abord au seigneur. Nous n'insisterons pas sur ce point, ce droit du seigneur d'accaparer pour la saisine avant l'héritier, disparut de bonne heure. Bouteiller le qualifiait de droit haineux, il fit place dans la coutume de 1510 à la maxime le mort saisit le vif.

En Artois, au contraire et dans la plupart des pays de nantissement, la règle le mort saisit le vif ne fut jamais acceptée, il fallut toujours, pour avoir la propriété d'un bien, obtenir la saisine de ceux de qui l'héritage relevait.

Quand le *de cujus* avait laissé un testament, le légataire, comme l'héritier, devait pour devenir propriétaire être ensaisinés par ceux de qui l'héritage relevait.

1. Cout. notoires du Châtelet, art. 135. Jean Desmares, décision 285. *Grand coutumier*, liv. II, ch. 21.

Mais, le créancier qui voulait être saisi pouvait se trouver en présence d'un débiteur récalcitrant. Le juge peut mettre en saisine le nouvel acquéreur à titre de vente, d'échange, etc. lorsque le vendeur refuse de se dessaisir de l'héritage (1). Si le juge n'avait pas eu ce droit, l'appréhension de fait et la simple tradition ne transmettant que la saisie de fait, celle de droit serait restée entre les mains de l'ancien propriétaire ou de ses ayant-cause, sans qu'il y eut mutation de propriété (2).

On peut donc distinguer plusieurs espèces de saisine, celle de fait et celle de droit. La saisine de fait était donnée par la simple détention de l'immeuble. Celui qui détenait pouvait repousser par légitime défense toute voie de fait, il était protégé par le juge, quand il avait cessé de posséder sans tradition volontaire et pouvait exercer l'action réelle. Cette saisine de fait devenait plus avantageuse pour celui qui possédait, quand elle avait duré un an et un jour. L'ancien coutumier, publié et annoté par Maillard, dit que «par la coutume d'aucuns lieux, il suffit d'an et jour, tant seulement pour gagner héritage par longue tenure » (3).

Une seconde espèce de saisine, est la saisine de droit. Tous ceux que la coutume ne saisissait pas de droit, comme elle faisait pour l'héritier dans certaines coutumes, la douairière, etc. devaient obtenir une tradition non de fait, mais judiciaire. Cette tradition judiciaire s'o-

---

1. Beaumanoir, ch. XLIV, p. 241, 241. *Grand coutumier*, Liv. II, chap. 25 et 27.

2. Bouteiller, *Somme rural*, liv. I, chap. 67, p. 397.

3. *Coutumes d'Artois avec notes*, par Adrien Maillard, 2ᵉ édition, Paris, 1739, ch. 26, § 5.

pérait par la foi et l'hommage, ou la souffrance baillée par le seigneur qui vaut foi pour les fiefs, la dessaisine de l'ancien possesseur et l'ensaisinement de l'acquéreur par le seigneur censuel pour les censives et les vilenages, l'insinuation devant la justice ordinaire pour les alleux et en cas de refus d'ensaisinement, l'ensaisinement par le juge.

Ces solennités étaient rigoureuses, mais assuraient la certitude et la conservation des droits réels, elles protégeaient les tiers. Cette préoccupation du droit des tiers est prouvée par les termes du Grand Coutumier : « *Je vous en saisis sauf mon droit et l'autruy en toutes choses* (1) » elle ne fait aucun doute pour les pays de nantissement. La charte de 1284 s'exprime ainsi : « *Nos volentes malitiis talium obviare et jus suum cuique salvum fore.* » Pourquoi réclamer la présence des échevins aux ensaisinements, si ce n'est dans un but de publicité ?

SECTION V

Effets de la publicité.

Cette publicité établie, il nous faut maintenant étudier son utilité et ses conséquences. Dans toute transmission de propriété, on peut considérer les rapports de droit existant entre l'ancien propriétaire et le nouveau, et, entre plusieurs personnes qui prétendent avoir des droits sur la chose.

Jusqu'à la solennité requise pour l'ensaisinement, la propriété restait au vendeur et la tradition simple faite

1. *Grand coutumier, loc. cit.*

par lui, ne la déplaçait pas. « *Celuy*, dit Bouteiller, *qui vend sa tenure, mais il en retient encore la saisine par devers lui, ne n'en fait vest à l'acheteur, seachez qu'il est encore sir de la chose* (1). » Tant qu'il n'est pas investi, le nouvel acquéreur n'a que la saisine vide qui est de jouir de la chose sans être *ens de loy* (2).

En sens contraire, après l'insaisinement, l'héritage devient la propriété de l'acquéreur et le vendeur ne peut reprendre son bien que par une nouvelle acquisition.

Jusqu'à l'ensaisinement, le vendeur peut vendre et ensaisiner un second acheteur, il peut concéder des droits sur l'immeuble et ses créanciers peuvent le saisir. Les droits consentis, après l'ensaisinement, par l'ancien propriétaire ne sont pas opposables au nouveau.

Si plusieurs personnes prétendent des droits sur un immeuble, celui qui a été saisi le premier triomphe. Le nouvel acquéreur nous dit Beaumanoir, qui avait pris saisine du seigneur pouvait expulser les acheteurs ou ceux qui tenaient le bien à louage ou en nantissement et qui eux ne s'étaient pas fait ensaisiner par le seigneur (3). La saisine de droit la plus ancienne l'emporte sur toutes celles qui sont plus récentes. Ce principe existe dans presque tous les pays de coutumes, en Artois « Les héritages ne peuvent être obligés, donnés entre vifs, ni aumônes, par devant autre juge que par celui et par ceux qui l'iretage ont à justicier et à jugier (4) ».

---

2. *Somme rural*, liv. I, chap. 67.
2. *Somme rural*, liv. I, ch. 22.
3. Beaumanoir, chap. 34, et chap. 44.
4. Artois, chap. XXII, §§ 1. 2, 3, 6. Voy. aussi *Somme rural*, liv. I, chap. XXV.

Il en était de même pour les rentes, pour s'en dire propriétaire il fallait être ensaisiné. Alors seulement le droit du rentier était opposable à tout tiers acquéreur de l'immeuble grevé, ainsi que nous l'apprend Jean Desmares : « *Quand aucune hypothèque sur aucun héritage, pour cause d'aucune rente annuelle et perpétuelle à lui due et de laquelle il est en foi et hommage ou souffrance quand tenue est en fié ou en possession et saisine quand tenue est en censive, est crée, et subhastée, vendue solennellement et par décret, par ce ne lui est point fait préjudice, quand à sa rente, combien qu'autrement serait s'il n'était en foi et hommage ou souffrance si ce était fie, ou saisine et possession si ce est censive* (1) ».

La publicité de l'ensaisinement faisait que le rentier n'avait pas besoin de faire opposition à la vente pour conserver sa rente, elle avait de plus l'avantage d'obliger personnellement l'acquéreur de l'immeuble à payer la rente, Il était présumé en avoir eu connaissance parce que, dit Laurière : « Anciennement les inféodations et ensaisinements étaient PUBLICS » et le savant commentateur appuie sur ces mots : « je l'ai déjà dit mais on n'a pas voulu l'entendre (2) ».

En était-il de même pour les hypothèques ? On pourrait le penser, nous avons montré plus haut que dans certains pays l'hypothèque eut quelque publicité. La question est indiscutable pour les pays de nantissement et Beaumanoir nous dit que le seigneur, devant qui l'engagement d'un bien avait été fait, ne devait pas permettre les actes préjudiciables au premier créancier ensaisiné (3).

1. Jean Desmares, *décisions*, 221, 277, 364.
2. Laurière, sur l'art. 99. de la Coutume de Paris.
3. Beaumanoir, *loc. cit.*

Nous ne saurions, cependant, affirmer que les créanciers hypothécaires fussent partout aussi protégés qu'en Beauvoisis et dans les pays du Nord. Du reste, la théorie romaine s'implanta vite et avec elle l'occultanéité de l'hypothèque.

Presque partout, les formalités de l'investiture et de l'ensaisinement sont exposées à propos du retrait lignager, elles étaient le point de départ du délai pendant lequel il pouvait être exercé, c'est cette cause qui les fera se perpétuer dans les coutumes du centre mais alors elles n'auront plus d'autre utilité (1).

On peut donc soutenir que les droits du propriétaire qui s'était conformé aux prescriptions de la coutume et ceux des tiers etaient garantis. Il semble même que l'ancien droit coutumier eût des dispositions qui favorisaient beaucoup la publicité, puisqu'à l'origine, les biens d'un défunt ne passaient à ses héritiers qu'après l'accomplissement de certaines formalités, la saisie d'un immeuble était portée à la connaissance de tous par des actes comme l'enlèvement des portes et des fenêtres.

Les relations, à l'époque féodale, étaient peu étendues, les transactions étaient locales, les transmissions étaient entourées de garanties de publicité, ou bien le détenteur de l'immeuble possédait sans titre, il n'avait qu'une saisine de fait, protégée par certains moyens que nous n'avons pas à étudier ici, ou bien il avait la saisine de droit garantie par la publicité de l'investiture et de l'ensaisinement.

1. Cout. de Paris, art. 138.

SECTION VI

Origine historique des formalités nécessaires à la transmission
de la propriété.

Quelle a été l'origine des solennités que nous avons précédemment décrites ? Nous croyons qu'elles ont une origine germanique ; elles sont la reproduction du formalisme
sans lequel les peuples primitifs ne conçoivent pas qu'il
puisse y avoir mutation de propriété. Le bâton tenu en
Artois par le juge, nous le trouvons chez les Germains,
et avec lui les symboles, la branche d'arbre, la touffe de
gazon et tous ceux dont nous avons déjà parlé.

Vainement, les glossateurs ont voulu trouver l'origine
de ces solennités dans les Novelles de Justinien (1). L'empereur semble, il est vrai, avoir voulu soumettre les transmissions à certaines formalités et donner la publicité à la
tradition. « *Et similiter, ex contractu in provinciis, quoties quis*
ingredi possessionem desiderat, acta apud defensores civitatum
fieri debent traditæ possessionis, simulac consententium volun-
tati tradentis, novoque domino colonorum vel actorum posses-
sionis. Si non sit copia defensoris apud Præsidem : vel etiam
si hic longe absit ab eo loco, quo traditio fit, apud Episcopum. »

Nous savons aussi que les Novelles pénétrèrent dans le
Nord de la France bien avant les autres lois romaines.
Mais, les formalités décrites par les premiers coutumiers
ne ressemblent pas à celles qui sont édictées par Justinien. Nous voyons, au contraire, qu'à l'époque où le droit
romain s'introduisit en France, toute publicité disparut,

1. Justinien, Novel, 167.

et la tradition fut suffisante pour faire passer la propriété du vendeur à l'acquéreur. On peut dire cependant
qu'à Rome, comme en Germanie, les mutations furent
primitivement astreintes à un formalisme rigoureux et
que l'empereur comprit l'avantage de revêtir tout acte
de transmission du sceau de l'autorité publique, en le
présentant aux *defensores civitatis*.

TROISIÈME PÉRIODE

DROIT COUTUMIER.

CHAPITRE PREMIER

PUBLICITÉ DES MUTATIONS DANS LES COUTUMES DES PAYS DE
NANTISSEMENT.

SECTION I.

Disparition du formalisme féodal.

Sous l'influence de la royauté qui affermit de plus en
plus son pouvoir, les institutions féodales tombèrent en
désuétude. L'investiture fut remplacée par la lettre de
fief et confondue avec la foi et l'hommage dont les feu-
distes ne la distinguent plus. Les formalités du vest et
du devest disparaissent. Les jurisconsultes du XIVᵉ et
et du XVᵉ siècle, imbus des théories romaines, les im-
plantèrent peu à peu en France ; favorisés par le pouvoir central, ils s'élèvent contre le formalisme compliqué
du moyen-âge.

Dans la plupart des coutumes, l'ensaisinement devint
facultatif, il n'aura bientôt d'autre but que de faire courir le délai du retrait lignager. L'abandon de cette formalité se fit sentir peu à peu et du Midi remonta au
Nord. L'usage admit une première exception à la règle
sur la saisine, à l'égard du bail à cens. Nous lisons dans
les Coutumes notoires (1) : « En accensement, quand un
héritage est donné à cens ou à rente, il n'est pas de nécessité d'aller au seigneur dominant pour avoir la sai-

1. Coutumes notoires du Châtelet, art. 72.

sine, car il ne prend saisine qui ne veut. » Cette règle sera reproduite dans l'article 82 de la coutume de Paris.

L'ancienne saisine fut remplacée par une tradition d'abord réelle, puis feinte et enfin par de simples clauses de dessaisine-saisine insérées par les notaires. Qu'était-ce que cette clause de dessaisine-saisine? Pothier (1) la définit ainsi : « C'est la clause par laquelle le vendeur ou le donateur déclarent qu'ils se dessaisissent de l'héritage et qu'ils en saisissent l'acheteur ou donataire dans un acte passé devant notaire ». « Dessaisine-saisine faite par devant notaires de la court laie, de la chose aliénée, dit la coutume d'Orléans (2), valent et équipollent à la tradition de fait et possession prise sur la chose, sans qu'il soit requis autre appréhension. »

Comment expliquer ces différentes modifications dans les formes de transmission de la propriété? Comment comprendre l'abandon des anciennes formalités qui devaient donner aux mutations de propriété toute la solennité désirable? Il est souvent difficile de déterminer d'une façon exacte les causes qui influent sur les institutions d'un peuple; nous croyons cependant pouvoir dire que la rénovation des études de droit romain et la ruine du pouvoir féodal eurent des effets considérables sur ce point. Dans cette réaction, si on dédaigne le côté utile des anciennes formes de mutation, c'est qu'à cette époque les notions du crédit foncier sont encore inconnues,

1. Pothier, *Traité du droit de domaine de propriété*, n° 213. Edition Bugnet, t. IX, p. 173.
2. Coutume d'Orléans, art. 278.

leur utilité n'apparaît pas ; on ne s'occupe ni de l'intérêt des tiers, ni de la sécurité de l'acheteur.

Les formalités qui donnaient une certaine publicité
aux mutations se sont conservées dans quelques coutumes du Nord de la France, en Picardie, en Vermandois,
en Artois, etc.

SECTION II

Mutations à titre onéreux

I. Propriété.

Dans les pays de nantissement, la nécessité de l'investiture et de l'ensaisinement pour la transmission de la
propriété immobilière se mantînt, mais la formalité fut
transformée. Aucune mutation ne put être faite sans
l'accomplissement des devoirs de loi, sans l'ensaisinement
confirmé par l'autorité publique. Ces solennités portaient
des dénominations diverses suivant les coutumes, c'é-
taient les devest et vest, déshéritance, adhéritance,
main-mise et mise de fait, devoirs de loi, nantissement ;
elles exigeaient toujours la présence des officiers du seigneur ou du roi et étaient souvent constatées sur un registre public. Nous l'avons déjà dit : elles étaient d'origine germanique et non romaine ou féodale, comme quelques-uns l'ont prétendu. L'idée de protéger les tiers, en
germe dans les lois et usages primitifs, fit des progrès
dans les coutumes du Nord, tandis qu'elle perdait du
terrain dans le reste de la France.

Les formalités du nantissement variaient dans chaque

coutume, ne pouvant pas donner la législation de chacune, nous étudierons celles qui offrent le plus d'intérêt,
en choisissant comme type la coutume d'Artois.

Dans les coutumes de Picardie, d'Artois, de Flandre,
l'acquéreur, après le contrat, devait, pour devenir propriétaire, prendre possession de l'héritage. Cette prise de
possession nécessitait l'emploi de procédure diverses : la
mise de fait et le rapport d'héritage, appelé aussi : dessaisine, saisine ; devest et vest ; issue, entrée ; déshéritance, adhéritance ; *exfestucatio, infestucatio.*

Mise de fait.

La mise de fait était une prise de possession judiciaire.
Pour pratiquer une mise de fait il fallait avoir un titre,
le titre d'acquéreur, de locataire, d'échangiste, de donataire, etc., La mise de fait pouvait être employée par
tous ceux qui voulaient acquérir un droit réel sur un
héritage.

Le créancier, pour obtenir la commission qui autorise
l'exploitation de la mise de fait, doit s'adresser aux juges
compétents ; mais la compétence diffère avec les coutumes.
A Lille, ce sont les échevins ; dans les châtellenies de
Lille, de Douai, d'Orchies, ce sont les gouverneurs ou
leurs lieutenants. La coutume de Boulonnais dit qu'il faut
obtenir un décret en cour royale (1). A Amiens il faut,
pour acquérir droit réel, commission du bailli ou autre
juge. En Artois, les commissions de mise de fait sont de-

1. *Cout. de Boulonnais*, art. 115.

mandées aux juges immédiats de la situation des biens et s'ils relèvent de plusieurs juridictions, il faudra se présenter devant les juges de la juridiction supérieure, dont relèvent tous les biens. « *Pour vaillablement acquérir droit réel en aucuns heritages, il faut les apprehender en évoquant ceulx à qui ce touche par dessaisine saisine faite par devant les hommes et en la court du seigneur dont tels héritages sont tenus ou par mise de fait, par la justice du seigneur ou autre souveraine et compétente tenue et décrétée de droit. Autrement, sans appréhension par mise de fait, dessaisine saisine, nul ne peut vaillablement transmettre ni transporter héritage de son chef en autre personne* » (1).

Les jugements qui autorisaient la mise de fait étaient signés par le greffier et scellés du sceau ordinaire de la juridiction (2).

Quand les juges avaient autorisé l'exploitation de la mise de fait, il fallait qu'elle fut assise définitivement sur l'héritage par un sergent ou huissier. Les coutumes ne disent rien à ce sujet, mais ce point de procédure a été réglé par un placard de 1531 dont nous citons les termes : « *Les huissiers, en mettant à exécution les commissions de mise de fait, seront tenus evoquer et appeler deux temoins pour être présens à faire leur dit exploit, et, des noms, surnoms et résidence d'iceux en faire note en leurs relations ; autrement l'exploit sera déclaré nul.* » (1) L'huissier mettait le créancier en possession réelle de la chose. Voici comment les choses se passaient d'après Maillart : L'acquéreur, les témoins

1. *Cout. d'Artois*, art. 71.
2. V. Maillart sur l'art. 71 de la *Cout. d'Artois*.
3. V. Merlin, au mot *Mise de fait*, § 3.

et l'huissier se transportaient au manoir principal ; s'il s'agissait d'un fief il était inutile d'aller sur toutes les terres qui le composaient. Pour les héritages roturiers et allodiaux, au contraire, il fallait se transporter sur chaque partie, parce qu'elles étaient indépendantes les unes des autres.

Il n'était pas nécessaire d'appeler le vendeur à cette procédure. Les hommes de fief témoins et l'huissier se bornaient à dresser un procès-verbal et le signifiaient aux parties intéressées, avec assignation devant le juge, pour voir décréter la mise de fait. Ce procès-verbal indiquait le domicile de l'acquéreur et celui de l'huissier, afin de permettre aux parties intéressées de faire leurs réclamations.

Mais quelles sont ces parties intéressées? Ce sont, dans l'espèce d'une transmission de propriété, le vendeur ; quand il s'agissait de l'acquisition d'un droit réel, le propriétaire de l'immeuble, et dans tous les cas, le seigneur de qui l'héritage relevait. C'était là le résultat des anciens usages des investitures et ensaisinements ; le seigneur, après la rédaction des Coutumes, était encore considéré comme investissant lui-même l'acquéreur. Il devait pouvoir se prononcer sur le jugement de mise de fait rendu par les juges fonciers. A Lille, « *la mise de fait se doit signifier au prévôt ou à son lieutenant et autres à qui ce peut toucher* (1). » Mais s'ils ne résident ni l'un ni l'autre dans la châtellenie, on doit ajourner le seigneur supérieur ou son bailli (2). S'il n'y a pas de seigneur supé-

1. *Cout. de la châtellenie de Lille*, art. 5 titre 12.
2. V. *Mém. Cout.*, art. 1, titre 19.

9

rieur ou s'il est inconnu, la signification sera faite au procureur du roi ou à son substitut, parce que le roi est le souverain fieffeux de qui tous les héritages relèvent médiatement ou immédiatement.

La Commission de justice ordonnant une mise de fait était susceptible de prescription, si celui qui l'avait obtenue ne la faisait pas exploiter par l'huissier dans l'année, elle était considérée comme nulle, il fallait, de plus, que la signification de l'exploitation fut faite aux parties intéressées dans le même délai.

Quand toutes ces formalités étaient accomplies, l'acquéreur s'adressait de nouveau aux juges pour faire décréter la mise de fait. Ce decrètement, comme on l'appelait, était un jugement rendu contre le vendeur ou le propriétaire, s'il s'agissait du droit réel et contre le seigneur dominant. Il fallait, pour éviter toute prescription, que cette nouvelle instance fût introduite dans l'année qui suivait la commission accordant l'exploitation.

En résumé la procédure qui faisait acquérir les droits réels suivait trois phases : 1° Instance pour obtenir la commission autorisant l'exploitation de la mise de fait ; 2° exploitation de la mise de fait par un huissier ; 3° ramené à fait ou décrètement, c'était l'acte de conclure à l'audience que la mise de fait fut décrétée.

Cette procédure de la mise de fait était la plus usitée, mais n'était pas la seule qui fût employée. On pouvait aussi acquérir droit réel dans les coutumes de Picardie, d'Artois, de Flandre par rapport d'héritage ou dessaisine-saisine.

Rapport d'héritage.

Celui qui avait aliéné ses héritages, ou son procureur spécial, se transportait devant le lieutenant de la seigneurie. Il remettait entre ses mains, en présence de deux hommes de loi, c'est-à-dire de deux échevins ou deux hommes de fief ou cotiers, la propriété des héritages dépendant de cette seigneurie en faveur de l'acquéreur. A cet effet, le vendeur donnait un petit bâton, une branche, un rameau au bailli. Ce dernier remettait le rameau à l'acquéreur (1). Cette procédure rappelle les formalités symbolique de l'époque germanique.

La minute originale du rapport d'héritage signée par les hommes de fief et le bailli ou autre conjureur, doit être déposée au greffe, sinon elle ne produit point la réalisation.

Primitivement, le vendeur et l'acquéreur devaient être présents au rapport d'héritage, mais la solennité fut simplifiée, une seule personne put agir comme procureur des deux parties ; elle se dessaisissait au nom de l'aliénant ou du débiteur et était saisie par les juges au nom de l'acquéreur ou du créancier.

Le rapport d'héritage devait être fait devant les juges fonciers ou curiaux et non devant le seigneur. Ce dernier était représenté par ses officiers qui étaient les premiers des juges. On devait obéir strictement à ces règles et s'adresser à la juridiction compétente, celle du seigneur do-

---

1. V. Maillard, sur l'art. 1 de la *Coutume d'Artois.*

minant, à peine de nullité. Les créanciers qui avaient intérêt pouvaient s'en prévaloir.

Ceux qui voulaient devenir propriétaire ou acquérir droit réel par mise de fait ou rapport d'héritage devaient, avant de s'adresser au juges, avoir un titre. De quelle espèce devait-il être ? Le contrat suffisait-il, pourvu qu'il soit prouvé ? Fallait-il qu'il fût relaté par acte sous seing privé ou par acte authentique ? Deux placards des 13 avril 1531 et 16 octobre 1584, publiés en Artois (1), et un édit de 1675 rendu en Flandre (2), déclarent nulle et de nul effet toute exécution de main assise, mise de fait, deshéritance, adhéritance, et généralement tous exploits et actes de juridiction qui seront faits à l'avenir en vertu de contrat ou autre acte non scellé mis en grosse et signé du tabellion.

On peut croire, d'après les placards de 1531 et l'édit de 1675, que pour obtenir le rapport d'héritage ou l'exécution d'une mise de fait, il fallait présenter aux juges un acte notarié relatant la convention intervenue, de même que chez nous on ne peut obtenir l'inscription d'une hypothèque conventionnelle qu'en présentant un acte notarié. Il n'en était pas ainsi cependant, la forme du tabellionat était quelque chose de plus que l'acte notarié. Elle n'était nécessaire, dans un acte sur lequel on voulait fonder une demande de mise de fait ou de rapport d'héritage, que si cet acte était notarié. Si l'acte était sous seing privé, il était inutile qu'il fût scellé, mis en grosse et signé par le tabellion (3).

1. V. même auteur, sur art. 71.
2. V. Merlin, v. *Mise de fait*, § 1, IV.
3. V. Merlin, *loc. cit.*

Ces obligations semblent avoir été imposées pour assurer des émoluments aux titulaires des nouvelles charges.

On s'étonne en effet de voir l'acte reçu par un notaire astreint à des formalités dont l'acte sous seing privé était dispensé.

II. Hypothèque.

En Artois, en Flandre, en Picardie, le créancier qui voulait acquérir hypothèque devait se conformer aux formalités prescrites par la coutume, et recourir aux procédures suivantes : la mise de fait, le rapport d'héritage, enfin la main assise. Voici comment s'exprime à ce sujet la coutume d'Artois : « Pour vaillablement hypothéquer un héritage, il est requis que ce se fasse par l'une des trois voies à ce introduites, assavoir par mise de fait, par rapport d'héritage fait en la main du seigneur dont il est tenu, en la présence de ses hommes, ou en faisant sur cettuy héritage asseoir et mettre la main du roi ou d'autre justice souveraine (1) ».

Nous avons étudié à l'occasion des mutations de propriété la mise de fait et le rapport d'héritage ; nous ne reviendrons pas sur ce sujet.

Le créancier obtenait une commission de main assise du juge, c'est-à-dire du conseil d'Artois ou autre justice de la province où les biens étaient situés, pourvu qu'elle ait juridiction immédiate sur l'héritage qui devait être hypothéqué. En vertu de cette commission, un sergent

1. Coutume d'Artois, art. 75.

mettait l'héritage en la main du roi ou du comte d'Artois pour sûreté de la créance. Il fallait assigner les parties intéressées, le propriétaire qui avait constitué hypothèque et le seigneur dominant (1). La main assise mettait l'héritage sur lequel elle était exploitée, sous la main de justice, mais laissait la jouissance au débiteur (2). La mise de fait mettait l'héritage sous celle du créancier, qui devenait, comme dit Merlin, quasi-possesseur, à titre d'hypothèque, mais dans les deux cas le débiteur conservait la jouissance. D'après Maillart, la main-assise était plus rude pour le débiteur que la mise de fait ; il se trouvait sous la surveillance de la justice, qui veillait à la conservation du gage du créancier.

Le créancier pouvait, par un autre procédé, acquérir une sûreté sur les biens de son débiteur, c'était au moyen de la main mise. Il obtenait une commission de justice en vertu de laquelle la régie des revenus du fonds était transportée entre les mains du commissaire aux saisies réelles. Mais la main mise ne servait pas seulement à constituer hypothèque, c'était plutôt une procédure de de saisie.

L'hypothèque acquise, par les trois moyens que nous avons indiqués, était toujours une hypothèque spéciale, la coutume d'Artois, et celles qui avaient une législation analogue, ne connaissaient pas l'hypothèque générale, parce que le créancier était mis, par la justice, en possession de chaque pièce d'héritage sur laquelle il voulait ac-

1. V. Maillart, *Notes sur l'art. 1 de la coutume d'Artois.*
2. V. coutume de chatellenie de Lille, art. 1, ch. 22.—Cout. de la gouvernance de Douai, ch. 17.

quérir hypothèque. Ces procédures auxquelles s'ajoutait une publicité que nous indiquerons, rendaient l'hypothèque publique, et le créancier pouvait agir directement contre le tiers détenteur sans craindre le bénéfice de discussion (1).

La mise de fait, le rapport d'héritage et la main assise, servaient non seulement à acquérir hypothèque sur les immeubles réels, mais aussi, sur les immeubles fictifs, les rentes et les offices. Primitivement, on put acquérir hypothèque sur toutes espèces de rentes, plus tard, au XVIe siècle, il fallait distinguer entre la rente rachetable et celle qui ne l'était pas. On ne pouvait acquérir hypothèque sur les rentes rachetables en Artois, comme on pouvait le faire sur un immeuble. La rente rachetable était considérée comme meuble et les meubles ne pouvaient être hypothéqués (2). On pouvait, au contraire, acquérir hypothèque sur une rente non rachetable réalisée sur un fonds.

La Coutume de Flandre faisait exception à cette règle généralement admise dans les pays de nantissement ; à Lille on pouvait acquérir hypothèque sur les meubles (3).

En Artois, les offices n'étaient pas considérés comme immeubles quand ils n'étaient pas inféodés. Cependant on admettait qu'un office pût être hypothéqué. Pour acquérir hypothèque sur un office, il fallait obtenir des juges du lieu ou l'office était exercé une commission de

1. V. Maillart, *Notes sur le titre II de la Coutume d'Artois*, 71 et 73.
2. Cout. d'Artois, art. 140. V. Commentaire de Maillard, pages 531 et 595.
3. Coutumes de la Chatellenie de Lille, titre 19. art. 1.

mise de fait ou de main assise, la procédure du rapport d'héritage ne pouvait être employée. Le procès-verbal de réalisation était signifié au propriétaire avec assignation pour voir décréter, il était ensuite enregistré au greffe de la juridiction où le principal exercice de l'office était fait (1).

Nous avons dit plus haut qu'en général l'hypothèque, en Artois, ne pouvait porter sur les meubles, mais ils pouvaient être affectés à la garantie d'une créance privilégiée, il fallait alors que l'affectation fût enregistrée lors de la tradition au greffe de la justice du domicile du débiteur (2).

Sans aucun doute, le créancier d'un droit réel pouvait, en général, se servir de la mise de fait pour acquérir ce droit, sans avoir une permission spéciale du débiteur; les contrats de vente, d'échange, de bail, de rente, ont pour but la réalisation de l'acquéreur ou du preneur. En est-il de même pour l'hypothèque? Le créancier pouvait-il par mise de fait acquérir hypothèque, quand son contrat ne l'y autorisait pas expressément? En un mot, le créancier chirographaire peut-il devenir créancier hypothécaire malgré le débiteur?

Dans la plupart des coutumes de nantissement, le créancier pouvait prendre hypothèque sans le consentement de son débiteur, sans avoir un contrat notarié le lui permettant. Il pouvait agir, par mise de fait, pour assurer le recouvrement d'une créance non échue (2). L'ac-

---

1. V. Maillart sur l'art. 75 de la *Coutume d'Artois.*
2. V. Maillart, page 529.
3. V *Cout. de châtellenie de Lille*, art. I, chap. 19. Arrêt du 29 janvier 1677, dans Merlin. *Mise de fait*, § I-II.

cord de l'hypothèque par le débiteur, dit Maillart, n'était pas nécessaire pour obtenir la permission de faire exploiter une mise de fait (1), et le commentateur cite à l'appui de cette opinion une décision des procureurs au conseil d'Artois.

Cet usage de prendre hypothèque, sans l'autorisation du débiteur, a été mis en doute par une décision du conseil d'Artois du 26 juillet 1696, il a cependant prévalu. Mais si on admit qu'une simple créance put être convertie en créance hypothécaire et que le débiteur fût à la merci du créancier, c'est que la procédure de mise defait donnait des garanties suffisantes (2).

Il y avait sur ce point une différence entre la main assise et la mise de fait. Pour acquérir hypothèque par main assise, il fallait que le débiteur eût consenti l'hypothèque.

Cette faculté d'acquérir hypothèque, sans autorisation du débiteur, permettait à la femme mariée d'assurer, pendant le mariage, le remboursement de ses créances (3), comme le prouve un arrêt rendu au parlement de Flandre le 10 juillet 1781 (4).

III. Hypothèques légales et judiciaires.

Dans les coutumes de Flandre et d'Artois nous ne trouvons pas trace d'hypothèque légale tacite en faveur de la

1. *Com. de la coutume d'Artois*, page 595.
2. *Cout. de la chatellenie de Lille*, art. I, ch. 19.
3. Même cout., art. 6, ch. 17.
4. Rapporté par Merlin. V° *Mise de fait*, § 1.

femme ou du mineur (1) ; mais les femmes étant créan-
cières de leur apport et des avantages stipulés dans le
contrat de mariage, il leur était permis, pendant la durée
du mariage et jusqu'à la dissolution, de prendre hypothèque, par mise de fait, tant sur les biens du mari que
sur ceux de la communauté, pour assurer le paiement de
leurs reprises. « *Assenne et droit conventionnel n'est réputé
hypothécaire n'était que par fait spécial il fut reconnu et réalisé et qu'hypothèque réelle fût à ces fins créée par juge compétent* » (2). Si la femme négligeait d'acquérir hypothèque,
elle restait simplement créancière et comme telle venait
en concours avec les autres créanciers du mari. L'hypothèque de la femme mariée était en Flandre et dans les
autres pays de nantissement entourée d'une grande publicité. Une déclaration enregistrée au Parlement de
Flandre le prouve : « Les femmes ne pourront faire va-
loir aucune hypothèque sur les biens de leurs maris, encore qu'elles eussent pris les voies usitées dans les pays
du ressort de la cour pour acquérir des hypothèques si
elles n'ont, en outre, fait publier les procédures par elles
faites à cette fin dans la juridiction consulaire du lieu où
leurs maris auront leur domicile » (3).

La coutume d'Artois ne reconnaissait pas l'hypothèque
judiciaire ; l'ordonnance de 1539 et celle de Moulins, en
1566, avaient décidé que les jugements rendus en France
emporteraient hypothèque. Mais ces ordonnances n'étaient

1. *Artois*, art. 74. Maillart, page 442.
2. *Cout. de Lille*, art. 6, ch. 17.
3. V. Merlin, V° *Mise de fait*, § 1-3 ; *déclaration du 1er mars*
1742.

pas exécutées en Artois, parce qu'à l'époque où elles ont été rendues cette province n'était pas sous la puissance du roi de France et elles n'ont pas été enregistrées (1). Si le jugement n'emportait pas hypothèque, celui qui devenait créancier pouvait garantir sa créance par les *voies usitées*. Dans les coutumes de nantissement, la reconnaissance judiciaire d'une dette ou d'une rente devait être nantie pour devenir créance hypothécaire. (2)

De même, l'adjudication qui suivait la procédure du décret nécessaire pour purger ne rendait pas l'adjudicataire propriétaire. Ce dernier devait, pour acquérir droit réel sur l'immeuble, accomplir les devoirs de loi. Cependant, à la fin du XVIIe siècle, le conseil d'Artois admit l'opinion contraire. D'après lui, *l'autorité du juge* tenait lieu de dessaisine saisine ; cet avis ne fut pas admis sans difficulté, et Maillart pense qu'il est plus conforme aux anciens usages de pratiquer une mise de fait après l'adjudication.

IV. Servitudes.

La règle générale admise dans les pays de nantissement était qu'on ne pouvait acquérir aucun droit réel sans l'accomplissement des devoirs de loi. Cette règle s'applique aux servitudes comme aux autres droits, elle est confirmée par l'art. 75 de la coutume d'Artois. Dans cette coutume, pour valablement charger un héritage, il

1 Maillart, page 569 sur l'art. 74.
2. *Cout. de Reims*, art. 179-180.

fallait recourir à l'une des trois *voies* que nous avons indiquées, la mise de fait, le rapport d'héritage ou la main assise. Les coutumes parlent surtout de la prescription des servitudes et donnent peu de détail sur les autres modes d'acquisition (3).

V. Rentes.

Comme tous les autres droits réels, les rentes, dans les les pays de nantissement, devaient être réalisées, c'est-à-dire portées à la connaissance des tiers au moyen des trois voies dont parlent les coutumes. Cette publicité se faisait par déclaration devant les hommes du seigneur ou devant le souverain, le seigneur dominant appelé (1). Primitivement, toute rente était non rachetable, la faculté de rachat fut introduite en Allemagne en 1415 et étendue à l'Artois et aux autres coutumes du Nord en 1533. Les formalités du nantissement étaient exigées pour les deux espèces de rentes; celle de main-assise et de saisine pouvaient être accomplies pour les rentes rachetables ou non, mais on ne pouvait, en Artois, réaliser une rente rachetable par une mise de fait, parce que cette rente était mobilière.

Celui qui avait un titre de créance ou de rente exhibait ses lettres, comme on disait alors, aux maires, aux échevins ou autres justiciers fonciers du lieu où étaient situés les héritages, les requérant de les nantir pour sû-

3. *Cout. de Cambresis*, tit. 5, art. 3. V. Merlin. V° *Nantissement.* § II, art. 3. *Chartes générales* de Hainaut, chap. 122, art. 9.

1. Artois, art. 43. V. Maillart.

reté de la rente et de ne recevoir dorénavant aucun autre nantissement, si ce n'est à la charge de la créance ou de la rente nantie (1).

Dans certaines coutumes, il fallait, pour faire nantir, que le débiteur eût accordé hypothèque garantissant le paiement des arrérages ; dans d'autres, le créancier, même s'il ne lui a pas été consenti hypothèque, peut faire nantir sa créance ou sa rente (2).

On peut expliquer cet avantage pour le créancier, par l'idée que ce nantissement était, dans la plupart des coutumes, un simulacre de procès, ou le débiteur intervenait, pouvait présenter ses défenses aux juges fonciers et s'opposer au nantissement.

VI. Réalisation du locataire et de la douairière.

La mise de fait et les autres modes de réalisation faisaient acquérir la propriété les servitudes, l'hypothèque et tous les droits réels. Ils étaient encore usités pour les baux et les douaires.

« Un louageur se peut mettre de fait en la maison louée, pour sûreté de son louage, en faisant apparoir de son titre par lettres, instruments ou témoins » dit la coutume de Lille (2). C'était là une prise de possession réelle de l'héritage, dont nous indiquerons plus loin les effets et l'avantage que le fermier en tirait.

1. Laon, art. 119.
2. Chaulny, art. 7.
3. *Cout. de la ville de Lille*, art. 3, tit. 12.

D'après la coutume d'Artois et la plupart de celles de Picardie et de Flandre, la douairière n'était pas saisie du douaire par la mort du mari. Elle devait demander la délivrance aux héritiers de l'époux prédécédé, s'ils consentaient elle prenait possession, sinon elle devait faire appréhension par mise de fait. « La douairière ; pour profiter du douaire coutumier, est tenue de faire appréhension de fait en appelant l'héritier et les seigneurs dont les héritages sur quoi il se assied sont tenus et mouvants et ne peut lever ni recueillir ou profiter de son dit douaire si en icilui elle n'est tenue et décrétée. » (1) Cette prise de possession était encore exigée à Douai (2). A Lille, le douaire n'était pas dû avant qu'il ne soit judiciairement appréhendé (3).

Primitivement, cette prise de possession judiciaire fut toujours exigée, plus tard, elle ne fut usitée que si les héritiers refusaient la délivrance du douaire. Cette procédure semble alors avoir pour but d'obliger les héritiers à se déposséder au profit de la femme usufruitière plutôt que d'entourer de formalité la nouvelle saisine. Le seul sonsentement des héritiers suffisait pour donner à la femme l'usufruit auquel elle avait droit, s'ils refusaient, elle s'adressait à la justice qui accordait la mise de fait.

1. Artois, art. 167.
2. *Cout. de la gouvernance de Douai*, chap. 4. art. 48
3. *Cout. de la Châtellenie*, titre 3 art. 3.

VII. Publicité des mise de fait, rapport d'héritage, main-assise.

Ces diverses procédures étaient entourées d'une grande publicité. Elle résultait de la solennité de l'acte, de la présence des témoins, des significations faites aux parties intéressées et au bailli, des procès-verbaux conservés au greffe, et, dans beaucoup de coutumes, de la transcription sur un registre à ce destiné. Cette obligation de transcrire semble du reste avoir été quelquefois considérée comme lettre morte.

Maillart pense que les seigneurs devaient tenir registre des rapports d'héritage qui étaient faits dans les justices, des mises de fait et main-assises qui leur étaient signifiées, soit qu'elles fussent poursuivies en leurs juridictions ou non, afin que les créanciers ou acquéreurs pussent connaître au vrai quelles hypothèques pesaient sur les héritages qu'ils voulaient acquérir (2). En fait, les seigneurs et leurs officiers ne tenaient pas ces registres. Maillart les en rend responsables; il dit qu'ils devraient être condamnés à des dommages-intérêts envers le créancier qui les aurait sommé de communiquer le registre. Ce passage est du reste assez vague. Y est-il question d'une obligation imposée par les coutumes et que la négligence faisait considérer comme lettre morte, ou bien était-ce un simple vœu de l'auteur, une amélioration proposée, c'est ce que nous ne pourrions déterminer exactement ; nous inclinons cependant au premier avis.

1. Maillart, *sur l'article 75 de la Cout. d'Artois.*

Un arrêté du conseil provincial d'Artois (1) dit qu'une minute d'un rapport d'héritage datée de 1696 devait rester au greffe de la justice ou elle avait été expédiée, que cette minute devait être registrée et n'être pas sur une feuille volante. On peut en conclure que si les registres n'existaient pas c'était par négligence des justiciers seigneuriaux. Du reste, si la publicité est incomplète dans la coutume d'Artois, nous la trouvons plus étendue ailleurs: dans la coutume d'Amiens où l'acquisition des droits réels se fait par nantissement devant les officiers publics, et est mentionnée sur un régistre (2), dans celle de Péronne, où les aliénations et transports se font par dessaisine-saisine devant le bailli, le greffier et deux témoins et sont immédiatement portés à la connaissance des tiers et relatés sur les registres tenus au greffe, afin d'assurer la publicité. « *Et de tout sera fait registre au greffe du plus prochain juge royal du lieu (3)* ».

Dans la coutume de Vermandois au baillage de Laon, pour acquérir droit de seigneurie, il était requis que le vendeur ou son procureur se divestît entre les mains de la justice foncière sous la juridiction de laquelle se trouvait le dit héritage et que l'acheteur fût vêtu et saisi de fait. Cette véture se faisait par cérémonie symbolique, tradition d'un fétu. Ce symbole, nous l'avons déjà trouvé à l'époque germanique et dans l'ancien coutumier d'Artois, la coutume en mentionne encore l'usage dans sa dernière rédaction. Le procès-verbal de la véture était relaté sur

1. *Arrêt du 22 mars 1722. Rapport* par Maillard, page 597.
2. Amiens, art. 56.
3. Péronne, art. 260.

un registre public. « Les justiciers fonciers, par devant lesquels se font les vest, devest et nantissements, sont tenus de faire rédiger par greffier registre à part (1) ». Il en était de même à Chaulny où le greffier tenait un registre des mutations (2).

La publicité n'existait pas seulement pour les transmissions de propriété, elle accompagnait toutes les mutations de droits réels : rentes, hypothèques, servitudes, etc.

Le créancier chirographaire lui-même pouvait se faire nantir, il acquérait ainsi une sorte d'hypothèque judiciaire. Si les juges fonciers refusaient le nantissement, le créancier s'adressait aux juges royaux. Un sergent nantissait au nom du roi quand le refus des premiers juges ne s'appuyaient pas sur des raisons suffisantes. A Reims, le droit réel est acquis du jour où le créancier a demandé le nantissement même s'il est refusé.

On peut conclure de ce qui précède que la publicité de l'acquisition des droits réels n'existait pas partout au même degré. Certaines coutumes se contentaient d'un simple nantissement, d'autres exigeaient que ce nantissement fut consigné sur des registres à ce destiné (3). On trouve dans les recueils des arrêts qui rappellent cette obligation. Un arrêt, du 29 novembre 1599 (4), ordonne aux baillis de Vermandois de tenir registre des

1. *Cout. de Vermandois, baillage de Laon*, art. 120.
2. *Cout. de Chaulny*, art. 8.
3. Péronne, 260, Laon, 124, Reims, 177.
4. V. Bourdot de Richebourg, *Cout. général.* note sur l'art. 120 de la Cout. de Laon.

nantissements sous peine d'être condamnés à des dommages et intérêts envers les tiers à qui le défaut de nantissement pourrait préjudicier.

Indépendamment de la forme qui est plus ou moins favorable à la conservation des droits réels, on peut se demander dans quel cas le nantissement est obligatoire, et quand il ne l'est pas. En Artois, toute mutation de droit réel est soumise à la formalité, la vente, l'échange, les acquisitions par succession en ligne directe ou collatérale, le douaire, l'hypothèque, les rentes, les donations sont soumis au nantissement (1). A Reims, au contraire, le vest et le devest sont inutiles pour acquérir une hérédité, un legs, qu'il soit délivré par l'héritier saisi ou par la justice. Inutiles pour les donations, l'avancement d'hoirie, les donations en faveur du mariage et le retrait lignager (2). Ces différences entre les coutumes nous paraissent difficiles à expliquer; nous nous bornons à les constater. On peut croire cependant que certaines transmissions vues avec faveur étaient exemptées du nantissement.

Quelques coutumes enfin exigeaient que le titre du créancier fût constaté par acte notarié (3). D'autres considéraient un titre quelconque comme suffisant pour motiver un nantissement (4).

La publicité de l'hypothèque légale de la femme et des mineurs n'existait pas partout au même degré. La cou-

1. Art. 43, 71, 75.
2. Reims, art. 171, 172. Vermandois, art. 132.
3. V. Buridan, sur les art. 119 et 127 de la cout. du Vermandois, et sur l'art. 289 de la cout. de Reims.
4. V. Merlin, v° mise de fait.

tume d'Artois ne reconnaissait pas l'hypothèque légale tacite, la femme. pour acquérir un droit de préférence, devait faire nantir sa créance. Au contraire, dans certains pays de nantissement, où la coutume contenait des dispositions tendant à assurer une publicité très complète des mutations, l'hypothèque légale n'était soumise à aucune formalité. A Péronne, à Laon, et dans tout le Vermandois, à Reims, les greffiers tenaient des registres de nantissement, et cependant les coutumes admettaient l'hypothèque légale et tacite des femmes mariées et des mineurs. La coutume d'Amiens reconnaissait toutes les hypothèques tacites du droit écrit (1), Sa législation fut étendue aux coutumes de Ponthieu et de Boulenois par un arrêt de 1639. Dans quelques coutumes, on alla jusqu'à dire que l'appréhension de fait vaut saisine (2). C'était là une dérogation aux principes généraux établis dans les pays du Nord. A Laon, l'appréhension de fait vaut saisine en franc-alleu seulement, il en est de même à Péronne (5). Dérogation qui s'explique si l'on rappelle qu'en droit féodal le franc-alleu étant une terre, ne relevant de personne, l'acquéreur n'était pas, en général, soumis à l'investiture. Dans ces coutumes, le droit romain fit plus de progrès qu'ailleurs, elles acceptèrent facilement la prescription romaine et la simple tradition comme modes d'acquérir. A Péronne, à Chauny, à Laon, à Reims, la jouissanse pendant dix ans donnait la saisine. L'article 8 de la coutume de Chauny dit que, pour ac-

1. Amiens, art. 139.
2. Senlis, art. 211, 212.
5. Laon, 33, Péronne, 267.

quérir le droit d'usufruit et de rente, il est inutile de faire et le devest ni la dessaisine-saisine, le contrat suffit parce que ce sont là des droits impersonnels.

VIII. *Effets de nantissement.*

Dans toute transmission de propriété et de droits réels, on peut étudier les rapports qui existent : 1° entre le vendeur et l'acquéreur ; 2° entre l'acquéreur et un tiers prétendant avoir des droits sur la chose vendue.

Avant la promulgation du Code civil, le contrat ne transférait pas la propriété, il ne créait aucun droit réel. Le vendeur restait propriétaire après la convention, mais il pouvait être contraint de laisser acquérir la propriété.

Tant que le vendeur reste propriétaire, il a le droit d'aliéner une seconde fois l'immeuble vendu, de le grever d'hypothèques, de rentes, etc. Ces hypothèques, rentes, servitudes, seront valables pourvu qu'elles soient réalisées avant le nantissement du premier acquéreur. Inversement, quand l'acquéreur aura satisfait à la formalité des devoirs de la loi ; toute aliénation, toute constitution d'hypothèque, de servitude, ne vaudra que comme simple créance, et seulement vis-à-vis du vendeur qui, n'étant plus propriétaire, ne peut transférer aucun droit sur l'immeuble vendu.

Les acquéreurs étaient protégés en Artois et dans les pays de nantissement, ils pouvaient savoir : si le vendeur était propriétaire, il leur suffisait de connaître en vertu de quel titre il possédait et si ce titre avait été nanti.

Les registres fonciers indiquaient les charges pesant sur l'immeuble ; l'acheteur qui s'était conformé à la coutume et avait accompli les devoirs de loi, n'avait pas à craindre les aliénations antérieures, les constitutions de servitudes et d'hypothèques non réalisées.

Entre plusieurs acquéreurs successifs d'un immeuble, celui qui s'était fait nantir le premier était préféré aux autres; quelle que fut la date de son titre. Nous avons cependant vu que si le juge, sans raison suffisante, refusait d'accorder le nantissement, le demandeur devenait de plein droit propriétaire, du jour de la demande. Entre plusieurs acquéreurs qui n'avaient ni les uns ni les autres recouru au nantissement, celui qui était en possession était préféré à celui qui avait contracté le premier. Si aucun n'était en possession, le premier acquéreur était préféré (1), mais, pour devenir propriétaire, il devait encore se faire nantir.

Celui qui possède un héritage sans s'être fait réaliser n'est pas propriétaire, s'il aliène, il ne fait qu'une cession de créance et n'a plus de droit sur l'immeuble, il ne peut valablement consentir aucune charge. Mais comment l'acquéreur d'une créance non réalisée peut-il devenir propriétaire, de qui tiendra-t-il son droit de propriété ? Il ne le tiendra certainement pas de son vendeur, qui n'a jamais été que créancier et non propriétaire. Ce qu'il a acquis de son vendeur, c'est le droit de devenir propriétaire, la propriété lui viendra d'un vendeur primitif qui, lui, aura acquis par devoir de loi.

1. Maillart, page 532 et 595.

Tant que les formalités de nantissement n'avaient pas
été accomplies par l'acquéreur, l'immeuble restait dans
le patrimoine du vendeur, ses créanciers pouvaient le
saisir et la saisie réelle empêchait désormais d'acquérir
des droits sur l'immeuble saisi.

Celui qui, après le contrat d'acquisition, avait accompli les devoirs de loi, était propriétaire de l'héritage,
tous droits réels concédés par d'autres que lui après ce
nantissement étaient, à son égard, non avenus. La procédure la plus employée pour faire le nantissement était
la *mise de fait*. Nous avons vu plus haut que cette procédure suivait trois phases : l'instance pour obtenir commission de justice, la prise de possession, et le décrètement. Cette procédure était longue ; à partir de quel
moment produisait-elle son effet ? Les textes de la coutume d'Artois (1) sur les douaires nous donnent, croyons-
nous, la solution de cette question. Quand la douairière
était mise en possession par mise de fait, le décrètement
de la mise de fait avait effet rétroactif au jour de l'appréhension de fait. On peut, par analogie, faire remonter à
cette époque l'effet du décrètement de toute mise de
fait. C'est, du reste, l'opinion des auteurs coutumiers.
Entre deux acquéreurs qui auront commencé des procédures de mise de fait, celui qui aura fait appréhension le
premier sera préféré. La longueur de la procédure de
mise de fait, est critiquable mais, elle ne nuisait pas
aux tiers puisque la commission de mise de fait était
publique et qu'il était facile de savoir s'il y avait eu prise

1. *Cout. d'Artois*, art. 167. Boulenois, art. 109.

de possession, cette prise de possession se faisait, en effet, en présence de témoins, et le procès-verbal était déposé au greffe.

En résumé, l'acquéreur ne devenait propriétaire qu'après l'accomplissement des devoirs de la loi, et les droits réels nantis avant la réalisation de son contrat, pouvaients seuls lui être opposés. « Voilà pourquoi, en concurrence de deux ou plusieurs acheteurs d'un même héritage, celui est préféré auquel la délivrance ou tradition en a été faite, ores que postérieure en date du contrat. Et par cette coutume, par la vitesse qu'il en aura eue avant les autres, et doivent les autres, imputer à leur négligence de s'avoir laissé prévenir en véture, puisque la coutume le prescrit ainsi. (1) »

Entre plusieurs créanciers hypothécaires, celui qui avait été nanti le premier était préféré et si l'immeuble venait à être saisi et vendu en justice, les premiers nantis étaient payés avant ceux dont le nantissement était postérieur en date. Grâce à la publicité qui leur était donnée, les créanciers et les acquéreurs étaient avertis des charges qui pesaient sur l'immeuble et ne pouvaient se plaindre de leur ignorance. Telle est l'opinion de Maillart (2).

Nous avons vu que l'on pouvait acquérir hypothèque sur une rente non rachetable en Artois, et sur toute rente dans certaines autres coutumes ; les créanciers hypothécaires avaient droit de suite sur l'immeuble. L'acquéreur devait payer les créanciers privilégiés et hypothécaires

1. Buridan, sur l'art .128 de la Cout. de Vernandois.
2. Maillart, sur l'art. 75 de la Cout. d'Artois.

ou délaisser l'immeuble en jugement. Il était alors vendu sur un curateur et le prix était divisé suivant l'ordre des privilèges entre les créanciers privilégiés, suivant le rang des hypothèques, entre les créanciers hypothécaires. Godet disait que « par l'usage du nantissement de deux obligations, la première nantie, supposé qu'elle ne soit la première, va devant. (1) »

Quelques commentateurs semblent avoir bien connu les effets et les conséquences du nantissement. Nous ne citerons à ce sujet qu'un passage de Buridan sur la coutume de Vermandois : « *Le nantissement a été introduit principalement pour la liberté et assurance du commerce, et pour mieux connaître les fallaces et tromperies des débiteurs frauduleux qui ne se peuvent si aisément reconnaître par les hypothèques nuëment constituées par les contrats du seul consentement des parties ; afin aussi que chacun puisse, plus librement et avec plus de sûreté, acheter les héritages, et pour éviter les procès lesquels ordinairement arrivent entre les créanciers sur le débat des hypothèques, priorité et postériorité d'icelles* » (2).

Nous avons dit plus haut, que différents privilèges pouvaient garantir le paiement de certaines créances : ces privilèges existaient en Artois et dans quelques autres provinces du Nord (3). Nous citerons celui des copartageants pour les soultes, et celui du vendeur pour le paiement du prix de l'immeuble vendu (4).

1. Godet, sur l'art. 119 de la Cout. de Vermandois.
2. Buridan, sur l'art. 120 de la même coutume.
3. Maillart, sur l'Artois, page 531.
4. Brodeau, sur Loiret. H. So. 21. N. 9.

Comment s'établissaient ces privilèges, quels étaient leurs effets ?

Chacun des co-partageants avait intérêt à accomplir les solennités nécessaires à la mutation de propriété, les uns pour devenir propriétaires, les autres pour conserver leur privilège. Nous savons que jusqu'au commencement du XVII⁰ siècle, le partage fut considéré, dans certaines coutumes, comme transférant la propriété ; dans les pays de nantissement, la propriété n'était transférée que par l'accomplissement des devoirs de loi (1).

L'hypothèque consentie par un héritier sur sa part de l'immeuble indivis, et nantie par le créancier, continuera à peser sur l'immeuble encore que par le partage l'héritage soit échu pour le tout à un autre héritier. L'hypothèque consentie avant le partage devait donc primer le privilège du copartageant quand elle avait été nantie avant le partage.

On arrivait ainsi à un résultat fort équitable, puisque celui qui n'obtenait en partage qu'une somme d'argent était primé sur les immeubles de la succession par les créanciers auxquels il avait accordé hypothèque.

Quand l'hypothèque aura été consentie par un des co-partageants allotis postérieurement, le créancier hypothécaire sera préféré au copartageant privilégié. Nous ne trouvons, du reste, pas de décision à ce sujet.

Quant au vendeur, son privilège était conservé par la réalisation de l'acquéreur. Ce dernier, jusqu'au nantisse-

1. Charondas Liv. IV ch. 23, *Pandectes du droit français*, cite un arrêt de 1608, rendu en pays de nantissement et dit qu'il en était autrement dans les coutumes du droit commun.

ment, n'est que créancier, c'est le vendeur qui reste propriétaire. Du jour où les devoirs de loi sont accomplis, le vendeur perd la propriété et acquiert le privilège.

Dans la plupart des coutumes de nantissement, et notamment en Artois, les hypothèques légales devaient être publiées pour être opposables aux tiers. Les tiers jouissaient dans ces pays d'une protection très efficace, ils ne pouvaient être trompés par un vendeur malhonnête.

L'acquéreur connaissait l'état-civil de la propriété, puisque toutes les charges qui pesaient sur elle devaient être nanties. La rente non nantie ne pouvait être réclamée d'un tiers acquéreur de l'immeuble, ce dernier n'ayant pas eu connaissance de la rente, ne pouvait être obligé à la payer : « *Tous arrentements baillés par aucuns seigneurs de partie de leurs fiefs, ne sont tenus ne reputés réalisés, pour contraindre les acheteurs d'icelles seigneuries à les entretenir, s'ils ne sont amenés à cognoissance et réalisés par devant les hommes des-dits seigneurs* » (1). Avant la réalisation, l'acquéreur d'une rente n'avait qu'un droit personnel.

Nous avons vu que le locataire et le fermier pouvaient faire nantir leurs contrats. Ce nantissement produisait deux effets. Le fermier nanti avait un droit préférable à tous les autres droits consentis par le propriétaire sur l'immeuble et non nantis, pourvu, toutefois, qu'il ne fût pas de mauvaise foi. Cette mauvaise foi apparaît dans l'exemple suivant : Si quelqu'un afferme et se fait nan-

1. V. *Coutumes d'Artois*, art. 43 et Bauduin sur cet article.

tir, à une époque où un fermier est déjà en possession, il ne pourra expulser ce fermier. Il savait qu'un autre tenait à ferme, sa mauvaise foi ne saurait lui profiter. Mais, entre plusieurs preneurs de bonne foi, celui dont le nantissement était antérieur triomphait.

Le second avantage d'avoir un bail réalisé, c'est, dit Merlin, de pouvoir opposer le bail aux acquéreurs et aux donataires, en un mot de ne pouvoir être expulsé par aucun des successeurs du bailleur. Toutefois, cette théorie était encore peu solide; nous trouvons au XVIIIᵉ siècle des arrêts qui lui sont contraires (1).

Comme le bail ordinaire, le bail emphythéotique devait être nanti, pour être opposable, aux ayants-cause du bailleur.

Dans quelques coutumes des pays de nantissement, les créances que la femme avait contre le mari étaient garanties par une hypothèque légale et tacite. En Artois, en Picardie et en Flandre, la législation était différente. Dans ces coutumes, la femme mariée devait, nous l'avons déjà dit, accomplir les devoirs de loi pour acquérir hypothèque. En était-il de même pour le douaire? Les dispositions de la coutume d'Artois offrent un grand intérêt à ce sujet.

En Artois, le douaire coutumier était privilégié sur les biens du mari. Ce privilège datait du jour du mariage; la veuve l'exerçait au jour de la dissolution et primait tous les créanciers postérieurs à la bénédiction nuptiale. Après la mort, elle saisissait les biens du douaire par

1. Merlin, Vᵒ *Mise de fait*, § IV. III. Arrêt du conseil d'Artois, du 26 avril 1712.

mise de fait, qui n'était, dans ce cas, qu'une voie d'exécution (1).

Quant au douaire préfixe ou convenancé, il n'était garanti par aucune hypothèque, mais la femme, comme créancière du mari, pouvait, pendant la durée du mariage, faire nantir sa créance ; elle acquérait ainsi une hypothèque qui datait non du jour du mariage, mais, du jour où elle avait été prise par l'une des trois voies imposées par la coutume (2).

Un placard de 1540 préfère cependant, sur les acquêts faits depuis le mariage, certains créanciers du mari, à la femme créancière de son douaire préfixe, mais il la préfère pour sa dot et ses apports (3).

La douairière n'avait pas besoin de prendre hypothèque pour la garantie de son douaire coutumier, mais pour jouir après la mort de son mari de cet usufruit légal, elle devait obtenir une mise de fait. Cette mise de fait était, comme toutes les mises de fait, publiée au greffe de la justice.

Du jour de l'exploitation de cette mise de fait, la douairière avait droit aux fruits ; si elle mourait, ses héritiers bénéficiaient de tous ceux qui avaient été perçus entre la mise de fait et la mort. Le décrètement de la mise de fait rétroagissait à l'appréhension. Ce privilège de la douairière portait, au jour de la dissolution du mariage, sur tous les biens du mari et même sur ceux qu'il avait aliénés durant le mariage, « car le douaire

1. *Cout. d'Artois*, art. 166.
2. Artois, art. 75.
3. V. Maillart sur Artois, page 929, com. de l'art. 166.

coutumier est une charge réelle qui suit le fond en quelque main qu'il passe. »

Pour garantir son douaire préfixe, la femme acquérait hypothèque. Cette hypothèque portait sur tous les biens du mari, elle pouvait être opposée à ceux qui, depuis le nantissement, avaient acquis l'immeuble ou des droits réels sur cet immeuble.

Il fallait distinguer la mise de fait, prise de possession judiciaire du douaire, de la mise de fait, moyen d'acquérir hypothèque durant le mariage pour garantir le paiement du douaire préfixe, mais ces deux sortes de mise de fait jouissaient de la même publicité que tous les devoirs de loi.

IX. *Droit acquis par le créancier avant le nantissement.*

Quel droit le contrat conférait-il au créancier ? L'acheteur, celui qui avait le droit de se faire réaliser, n'était pas propriétaire avant le nantissement, il n'avait aucun droit réel. Son droit n'était-il qu'une créance ? On pourrait le croire au premier abord. Il fallait certainement ranger parmi les créances le droit de l'acquéreur et de ceux à qui une servitude, une rente, une hypothèque, avaient été consenties. Mais, d'après les règles coutumières sur la division du patrimoine en meubles et en immeubles, ces créances étaient, dans certains cas, considérées comme droits immobiliers. Elles allaient à l'héritier qui succédait aux immeubles. De même, si un conjoint avait acquis un immeuble avant le mariage et n'avait pas fait réaliser son contrat, la créance qu'il avait ne tombait pas dans la communauté, mais lui restait propre. Si un immeuble avait été acquis pendant le mariage, la réalisation faite postérieurement n'empêchait pas l'héritage d'être considéré comme conquet. Par équité, les coutumes s'écartaient à ce sujet des principes généraux sur les transmissions. Le conjoint qui avait acquis avant le mariage était considéré vis-à-vis de son conjoint comme étant devenu propriétaire au jour de la vente. Le douaire de la femme pesait sur des immeubles dont le mari n'était pas propriétaire au jour du mariage (1). C'était là un acheminement à la théorie adoptée par le Code au titre du contrat de mariage.

SECTION III

ACQUISITIONS A TITRE GRATUIT.

Succession « ab intestat. »

Nous avons étudié les différents moyens d'acquérir la propriété à titre onéreux, c'étaient la mise de fait, le rapport d'héritage, la main assise. La propriété s'acquérait à titre gratuit, par relief et mise de fait.

Le relief était un mode que devait employer l'héritier pour devenir propriétaire des immeubles composant la succession. Il consistait en une prise de possession réelle et actuelle par celui qui voulait acquérir droit réel du consentement du seigneur ou lui dûment appelé (2). Dans la coutume d'Artois, la maxime : le mort saisit le vif,

---

1. V. Maillart, page 940.
2. *Cout. d'Artois*, art. 71. V. Maillart, notes sur les commentaires de Gerson, à l'article I.

son hoir le plus proche, n'était pas complètement admise.
Après la mort du *de cujus*, l'héritier n'était saisi que des
créances, pour devenir propriétaire des meubles ; il devait remplir la formalité du relief. Ce relief n'était du
reste utile qu'au regard du seigneur dominant qui seul
avait le droit de se plaindre du défaut d'appréhension de
fait. C'était là un reste de l'ancienne idée que tout bien
du défunt retourne au seigneur avant de passer à l'héritier. La maxime : le mort saisit le vif, ne se trouve pas
dans la rédaction de 1509, elle fut introduite dans celles
de 1540 et de 1544, avec cette restriction : « En faisant
les droits et devoirs à ce pertinent » (1). Nous remarquons encore ici l'influence du droit romain sur la législation des pays de nantissement.

Si l'héritier n'était pas propriétaire des biens du défunt, avant d'avoir satisfait aux devoirs dont parle l'article
92, il pouvait néanmoins intenter la complainte contre
ceux qui se seraient emparés des immeubles de la succession.

L'article 71 de la coutume d'Artois semble distinguer
l'acquisition de droit réels par relief, des acquisitions à
tout autre titre, mais nous verrons que la mise de fait fut
un moyen d'acquérir les immeubles et les droits réels
dépendant d'une succession et devînt un mode général
pour effectuer les transmissions (2).

La mise de fait servait à mettre en possession des biens
de la succession, les héritiers légitimes et les légataires.

1. Artois, art. 92.
2. V. Maillart, sur l'article 71.

Suivant qu'il s'agissait des uns ou des autres elle avait des effets différents. D'après Denisart (1) il n'y a que le seigneur dominant qui puisse se plaindre du défaut de mise de fait à l'héritier, il n'est pas tenu de reconnaître pour vassal ou censitaire celui qui n'a pas été mis de fait en possession. Au contraire, la mise de fait était indispensable au légataire qui entrait en possession de la chose léguée et à l'exécuteur testamentaire, pour conserver leurs droits, ils devaient prendre possession en recourant aux procédures imposées par les coutumes (3).

II. *Publicité des testaments.*

Nous venons d'étudier comment l'héritier ou les légataires, entraient en possession de la succession, une certaine publicité résultait des formalités que nous avons décrites. Trouvons-nous une publicité analogue pour les testaments? Ces actes contenaient souvent des fidéicommis et des substitutions, clauses qui intéressent les tiers au plus haut point et dangereuses pour eux si elles restent dans l'ombre.

Aucun texte des coutumes ne prescrit la publicité des fidéicommis et des substitutions, mais un placard de Philippe II en date du 6 décembre 1586 rapporté par Maillart (1) ordonnait d'enregistrer au greffe de la justice les

1. V. Denisard, au mot *Mise de fait.*
3. V. Maillart, sur l'art. 15 de la Cout. d'Artois. V. même cout. sur l'art. 74.
1. Maillart, sur l'art. 74 de la Cout. d'Artois.

12

testaments contenant des fidéicommis et des substitutions. Les prescriptions contenues dans ce placard furent-elles complètement observées ? On peut en douter, cependant elle ne tombèrent pas en désuétude puisqu'on nous rapporte des exemples de testaments enregistrés comme contenant des fidéicommis, notamment un testament de 1588 transcrit par le greffier de la ville de Béthune. On peut appuyer l'opinion contraire sur différents arrêts du conseil d'Artois, mais si la loi n'était pas exécutée, elle aurait dû l'être et son existence ne peut être mise en doute.

Un édit de 1611, appelé l'édit perpétuel rendu par les archiducs, veut que le placard de Philippe II soit observé ponctuellement et « déclare *derechef* que les clauses de fidéicommis, substitutions, prohibitions d'aliéner, et autres charges qui ôtent la libre disposition d'aliéner à ceux à qui les biens sont laissés, contenues dans les testaments, donations ou contrats ne peuvent affecter les biens chargés, à moins que ces clauses ne soient notifiées et enregistrées aux greffes des justices immédiates de la situation de chaque immeuble chargé si ce sont des rotures, et si ce sont des fiefs, au greffe de la justice du seigneur dont ils relèvent, avec injonction au premier qui doit profiter de telles dispositions de faire faire l'enregistrement à peine de perdre la jouissance du bien au profit des substitués et autres en faveur desquels l'aliénation serait interdite. »

Cet édit était-il rendu dans l'intérêt des tiers qui contracteraient avec le grevé ? Ou le grevé de restitution avait fait enregistrer le testament contenant le fidéicommis, ou il ne l'avait pas fait enregistrer.

Dans le premier cas, s'il y avait eu enregistrement, ceux qui avaient contracté avec le grevé, ne pouvaient se plaindre d'être dépouillés du bien acquis ou de voir disparaître leur gage, puisqu'avec quelques précautions, ils auraient pu connaître la situation du débiteur.

Dans le second cas, si le grevé ne faisait pas enregistrer le testament, il perdait la jouissance des biens au profit des substitués. Les tiers étaient alors peu protégés, n'ayant plus qu'un recours en garantie contre le grevé. Mais cette négligence était peu à craindre, la perte des biens était une sanction assez dure pour assurer l'exécution de l'édit. Les tiers pouvaient savoir si tel bien était ou non soumis à substitution, ils connaissaient le péril qu'ils couraient en considérant ces biens comme leur gage ou en acquérant sur eux des droits réels, la mort du grevé devant anéantir tous les droits consentis par lui sur les biens. L'édit de 1611 ne protégeait les acquéreurs et les créanciers que d'une façon indirecte, en menaçant le grevé de lui faire perdre la jouissance du fidéicommis, cette protection n'empêchait pas ceux qui avaient contracté avec le grevé de voir disparaître leur gage, ou d'être dépouillé de l'immeuble acquis. La jurisprudence du Parlement tendit à modifier celle du conseil d'Artois en assujettissant le fidéicommis non enregistré aux dettes contractées par le grevé (1).

1. Maillart, sur l'Artois, page 576, arrêt du 4 juillet 1726.

La publicité des substitutions et des fidéicommis, fut l'objet d'une déclaration du 18 janvier 1712. Les substitutions durent dorénavant être publiées et régistrées au conseil provincial, et de plus être publiées à l'audience de la justice royale tant du domicile du substituant que de la situation des biens. Cette déclaration ne s'occupe du reste que de la publicité, elle l'établit d'une façon complète en réglementant les formalités.

Nous trouvons, dans le placard de 1586 et dans l'édit de 1611, l'origine des articles 1069 et 1070 du code civil. Remarquons que l'on sacrifia d'abord les créanciers et les tiers détenteurs aux intérêts du substitué. La jurisprudence qui permet aux acquéreurs et aux créanciers d'opposer le défaut de transcription aux substitués n'est pas complètement assise au commencement du XVIIIe siècle.

Les coutumes de nantissement ne prescrivaient pas la publicité des testaments, ils étaient astreints à certaines formalités telles que la présence des gens de loi, des curés, des vicaires, des notaires assistés de témoins. L'enregistrement n'était nécessaire que pour les fidéicommis et les substitutions.

Cette législation se maintint toujours en Artois où les édits royaux de 1581, de 1693 et de 1703, n'ont jamais été exécutés, si nous en croyons le commentateur de la coutume. Du reste, tandis que l'enregistrement des testaments existait dans les coutumes du midi de la France après le XIIe siècle, cette formalité disparut dans celles du Nord et particulièrement dans les pays de nantissement à partir du IX° siècle et n'y fut rétablie qu'au XVI° (1).

L'édit d'Henri III, de juin 1581, établissant le contrôle, ne pouvait être appliqué en Artois, puisque ce pays n'était pas à cette époque sous la domination du roi, il ne fut du reste mis en vigueur qu'en Normandie. Les édits de 1693 et de 1793, rétablissant le contrôle, ne furent pas davantage exécutés. Les testaments, dans la plupart des pays de nantissement, ne furent pas rendus publics, tandis qu'ils l'étaient dans le reste de la France.

On peut expliquer ces différences par les motifs suivants. Les pays de nantissement avaient, au moment où ces édits furent rendus, un système de publicité organisé, ils conservèrent leur législation spéciale. Du reste l'enregistrement des testaments et des autres actes était prescrit par les édits sur le contrôle plutôt dans un but fiscal, que dans le but d'avertir les tiers. En Artois et dans les autres pays de nantissement, la législation semble au contraire se préoccuper surtout de l'intérêt des tiers, elle ne prescrit pas l'enregistrement du testament en général, mais prescrit la transcription de ceux qui contiennent des fidéicommis et des substitutions.

1. Renaud, recherches historiques sur la formalité de l'enregistrement au moyen âge. *Revue de législation ancienne et moderne*, 1872, page 399 et suiv. A Reims on enregistra les contrats de 1441 à 1621.

III. Publicité des donations.

L'ordonnance de 1539 rendue à Villers-Cotterets, par François Ier, établit pour toutes les donations et pour tout le royaume, la nécessité de l'insinuation. Mais cette ordonnance ne fut pas mise à exécution dans les coutumes du Nord, plusieurs parlements refusèrent de l'enregistrer. Dans les coutumes de Picardie, Vermandois, Valois, Ponthieu, Boulonnois, Belgique, la donation immobilière était entourée de la publicité qu'on exigeait pour toute transmission de droit réel (1). L'ordonnance de 1731 dispensa de l'insinuation les donations faites dans le ressort du parlement de Flandres. En Artois cette formalité ne fut pas exigée. Maillart dit à ce sujet (2) : « Toutes sortes de donations faites par une personne domiciliée en Artois, de biens situés en Artois, sont bonnes et valables quand même elles ne seraient pas insinuées, parce que les édits qui ont établi en France la nécessité de les insinuer ne sont pas registrés en Artois ».

Mais, si les donations contiennent des clauses de retour et de fidéicommis qui ôtent au donataire la libre disposition déférée ordinairement à un propriétaire par les coutumes des lieux, elles doivent être registrées en Artois, au moins quant à ces clause de retour (3).

1. V. Thèse de M. Larnaude, sur *la publicité des donations*, ann. 1876, page 111.

2. V. Maillart, sur l'art. 80 de la coutume d'Artois.

3. Les ordonnances de 1539, 1549, 1612, 1731 ne furent pas exécutés dans la plupart des pays de nantissement. V. Ricard. N. 1078, Traité des donations.

Si dans les pays de nantissement l'insinuation était inutile pour rendre la donation parfaite, il ne s'ensuit pas que la propriété passait du donateur au donataire par l'effet du contrat. Le donataire, pour devenir propriétaire, devait accomplir les formalités du nantissement et la donation était rendue publique par l'inscription d'un procès-verbal sur les registres tenus aux greffes.

Cette législation protégeait les ayants-cause du donataire et du donateur par la publicité qui accompagnait toute transmission de propriété.

Dans le cas le plus dangereux pour les tiers, quand la donation contenait une clause de retour ou de fidéicommis, il y avait une double publicité, l'insinuation de l'acte et l'enregistrement de la donation.

L'insinuation romaine qui s'était établie en France et avait renversé l'ancien système de publicité des mutations avait eu un point de départ différent pour arriver au même but. Elle fut d'abord une barrière contre les libéralités, puis un moyen de publicité, mais un moyen imparfait.

L'insinuation était inutile pour toutes les donations, mais les formalités nécessaires pour acquérir droit réel devaient être accomplies par le donataire s'il voulait devenir propriétaire. Les coutumes ne distinguent pas entre la donation, l'échange, la vente, les formalités sont les mêmes dans tous les cas (1). Avant le nantissement, le donataire n'était que créancier du donateur, il n'avait aucun droit réel sur l'immeuble donné. Le donateur pou-

1, Artois, art. 71. Boulonnais, art. 50.

vait disposer des biens donnés, les grever d'hypothèques, ses créanciers pouvaient les saisir. Par la réalisation, le donataire devenait propriétaire et n'avait pas à
craindre l'éviction de ceux qui, ayant acquis des droits
sur l'immeuble, ne les avaient pas conservés par le nantissement.

Grâce à la publicité donnée aux transmissions de propriété dans les pays de nantissement, les tiers jouissaient
d'une protection très efficace ; il était facile de savoir, en
consultant les registres de nantissement, à qui tel immeuble appartenait et quelles charges le grevaient. Le nantissement empêchait d'opposer tous les droits acquis antérieurement mais non réalisés.

CHAPITRE II

Nous avons étudié les règles générales du nantissement, en prenant pour guide la coutume d'Artois ; quelques coutumes avaient sur ce point des dispositions spéciales, nous nous proposons d'énumérer ces dispositions.

Dans certains pays, on faisait une distinction entre la mutation des terres libres et celle des concessions en fief et en censive.

La coutume du Hainaut soumettait toute transmission de propriété aux devoirs de la loi. Ils étaient reçus par les officiers du seigneurs, si la terre était concédée, par les *francs-alloëtiers* ou propriétaires d'alleux, si la terre était un alleu. Ici, plus que partout, ces formalités semblent avoir eu pour but la publicité. Le placard de Charles-Quint du 10 février 1538, et celui de Philippe II, du 6 décembre 1586, déclarent que pour prévenir les fraudes et stellionats, il sera désormais impossible d'aliéner aucun héritage sans le secours du nantissement (1).

Les règles établies en Hainaut furent étendus à tous les Pays-Bas. Les *francs-alloëtiers* ne formaient pas une cour spéciale, mais s'assemblaient, suivant les besoins, sur certains points du territoire pour y recevoir les devoirs de loi. Ils ne tenaient pas de registres des mutations : « ils

1. V. Merlin. Rép, au mot devoirs de loi.

se servent, nous dit Merlin, de papiers volants que l'un d'eux retient chez lui, et par ce moyen les francs-alleux peuvent se vendre trois ou quatre fois par les mêmes personnes et les stellionnats sont aussi possibles que si l'on ne passait pas de devoirs de loi ». Frappé de ces inconvénients, le roi d'Espagne rendit, en 1626, un décret qui ordonnait d'enregistrer l'acte de mutation au greffe féodal (1). Nous trouvons donc en Hainaut un système de publicité très développé et rendant d'importants services aux tiers.

A cet égard, la législation des Flandres et notamment les coutumes de Gand et de Bruges nous semblent remarquables (2).

La coutume de Gand, rédigée au XVI° siècle, distingue les immeubles concédés et les immeubles libres. Pour devenir propriétaire des premiers, il faut notifier la mutation au seigneur foncier qui signe l'acte et le transcrit sur un registre spécial. D'après la coutume, les devoirs de loi passés devant les échevins de la ville ne suffisaient pas à transférer la propriété. Le seigneur foncier avait la liste de tous les propriétaires habitant sa seigneurie, il ne devait mettre l'acheteur en possession que si le vendeur était propriétaire ; de plus, il était obligé d'indiquer toutes les charges qui grevaient l'immeuble.

Les mutations de terres libres étaient faites par les échevins de la ville au nombre de sept, ils tenaient

1. *Recueil des anciennes coutumes de Belgique.* Cout. de Hainaut, ch. 94, art. 1 et 2 des coutumes générales.

2. Même ouvrage. *Cout. du Franc de Bruges,* par Gillods van Severen, tome III.

registre de tous les transports (1) et indiquaient les charges qui pesaient sur l'immeuble. Les droits qui avaient été mentionnés sur les registres pouvaient seuls être opposés aux tiers. La coutume de Gand établissait la publicité des mutations aussi bien pour les terres libres que pour les terres concédées. Nous retrouvons cette publicité dans la coutume de Bruges qui nous décrit son mécanisme d'une façon minutieuse.

Lisons l'article premier du titre XXVII de cette coutume : « Quand quelque maison, moulin, héritage ou terre, assis et situés en cette ville et dans son échevinage, est vendu, échangé, troqué, donné, ou autrement transporté, aliéné ou engagé, par quelque rente, par des dettes courantes et rachetables, par quelque servitude réelle ou personnelle ou quelqu'autre charge à quelque titre que ce soit, les clercs de la *Vierschare* ayant reçu les passations avec les échevins, sont tenus, avant d'en délivrer aucune copie, de porter lesdites passations au bureau du préposé par le collége des échevins pour tenir ledit registre, pour que lesdites passations soient par lui notées et enregistrées sur ledit registre pour la conservation du droit de chacun. Et pour montrer que cela a été fait, les lettres qui en sont expédiées doivent être par lui signées. »

Les ventes, échanges, donations et autres aliénations, n'avaient d'effets qu'entre les contractants, jusqu'à leur inscription sur le registre. Les droits inscrits sur les

1. Cout. de la ville de Gand, par Gheldorf, dans *le recueil des anciennes coutumes de Belgique.*

registres les premiers sont préférés à ceux qui les suivent, même si la date de leur acquisition est postérieure (1).

Les échevins de Bruges nommaient un greffier chargé de tenir registre de toutes les mutations, et qui jouait le même rôle que notre conservateur des hypothèques. Ces moyens de publicité, remontaient à une époque très éloignée à Bruges comme dans tous les autres pays de nantissement. Un statut de 1552 ordonne de tenir écriture de tous les transports de terres et d'en délivrer copie et expédition en due forme si la demande en est faite. Ce statut de 1552 ne faisait que rappeler les prescriptions d'un règlement de 1277 et d'un acte de 1526 qui oblige les clercs de la Vierschare, quand ils auront à passer un acte de mutation, à se transporter sur l'immeuble pour en prendre la description en présence de témoins et des voisins les plus proches. Leur constatation avait pour but d'éviter les procès (1).

Cette législation que nous constatons dans la coutume de Bruges s'était étendue aux coutumes qui l'entouraient, celle du Franc de Bruges imposait des obligations analogues pour les mutations de propriétés. Ne nous étonnons pas du reste de trouver dans les Flandres la publicité des mutations plus développée qu'ailleurs. Le commerce et l'industrie y avaient pris beaucoup d'extension, le crédit qui doit toujours les accompagner devait être favorisé, il fallait donc donner la sécurité aux acquéreurs et aux prêteurs.

1. *Cout. de Bruges,* titre 27 art. 2.
1. V. Gilhods Van Seven, *Coutumes de la ville de Bruges,* t. II, page 302, 303 dans le *Recueil des anciennes cout. de Belgique.*

CHAPITRE III

Nous avons étudié les mutations de propriété immobilière dans la coutume d'Artois et, en général, dans les pays de nantissement. Certaines coutumes que quelques-uns rangent parmi celles dites de nantissement avaient des règles spéciales sur les transmissions, ce sont celles de Bretagne, de Normandie, de Metz. Leur législation différente de celles que nous avons constatée mérite cependant d'être étudiée et nous pensons qu'elle rentre dans les limites de ce sujet.

SECTION I

I. Les appropriances en Bretagne.

En Bretagne, comme dans les autres coutumes, l'acquéreur ne devenait pas propriétaire par l'effet de la vente. Le contrat ne transférait pas la propriété, mais faisait naître un droit de créance. Comment les créanciers devenaient-ils propriétaires ? L'art. 269 de la coutume répond à cette question : « On se peut approprier de tout héritage ou autre chose réputée immeuble, soit servitudes ou autres droits réels, par tous contrats et titres reçus de droit et de coutume habiles à transférer seigneurie, acquérant les dits héritages ou droits de celui

qui est saisi et actuel possesseur, en son nom, par lui et ses auteurs, par an et jour ; prenant ledit acquéreur, possession actuelle en vertu des dits contrats et titres et faisant, après ladite possession, trois bannies tant dudit contrat que de ladite possession, par trois dimanches consécutifs, sans intervalle incontinent après l'issue de la grand messe, en la congrégation du peuple, à haute et intelligible voix, aux lieux accoutumés, en la paroisse ou paroisses où les choses acquises sont situées. Par lesquelles bannies sera fait expresse déclaration, par quelle cour soit prochaine ou supérieure, l'acquéreur entend s'approprier et faisant, ledit acquéreur, rapporter et certifier lesdites bannies en jugement des prochains plaids devant le juge du lieu où sont les dites choses situées....»

Telles étaient les formalités auxquelles l'acheteur devait se soumettre pour acquérir la propriété. Dargentré, le savant commentateur, s'exprime, sur ce point, en ces termes : « *dominium ab alio ad alium transit et transfertur et proprium fit acquirentis quod alienum erat.* » S'il faut en croire les auteurs coutumiers, ces appropriances étaient très anciennement usitées, elles servaient à assurer la propriété de presque tous les droits réels ; elles avaient de plus le même effet que les décrets volontaires. Grâce à elles, l'acquéreur pouvait connaître les charges qui pesaient sur l'immeuble et s'affranchir des poursuites intentées par les créanciers du vendeur. Nous trouvons là l'origine de la procédure de purge.

L'article 269 de la coutume de Bretagne détermine :

1° Quels sont les biens pour lesquels il fallait recourir aux appropriances ;

2° Quel titre il fallait avoir ;

3° Comment la procédure se faisait, c'est l'ordre que nous suivrons.

II. Des acquisitions qui nécessitent les appropriances.

On se pouvait approprier des héritages et de tous les biens réputés immeubles, *a contrario* ce mode d'acquisition était inutile pour devenir propriétaire de meubles. Dargentré prétendait cependant qu'on pouvait l'employer pour acquérir les meubles de grande valeur comme les navires, les fonds de commerce, mais son opinion contraire à l'interprétation stricte des termes de la coutume ne fut pas admise. Tous les immeubles étaient susceptibles d'appropriement, et il faut comprendre sous ce titre d'immeubles, les immeubles fictifs et les immeubles réels. Il y eut cependant certains désaccords entre les jurisconsultes au sujet des rentes constituées, d'après Dargentré : « Lorsque ce sont des rentes perpétuelles avec hypothèque fixe et particulière ou qui portent assiette par convention, on peut en assurer le droit par l'appropriement quoique l'usage et la pratique à cet égard aient été rares » (1). D'autres commentateurs, Poulain de Belair parmi eux, dit que l'on ne peut s'approprier que des rentes foncières ; Hevin s'exprime ainsi : « appropriement en matière de rente constituée ne sert à rien » (2).

L'appropriance servait à fixer, à publier, le titre de

1. Dargentré sur l'art. 269. Traduction de Poulain de Belair.
2. Hevin sur l'art. 269. V. à ce sujet Merlin v° appropriance.

l'acquéreur. Il pouvait arriver que le vendeur ne fut pas propriétaire de l'immeuble vendu, l'acheteur acquérait-il, dans ce cas, la propriété ? L'art. 269 répond à cette question : l'acquéreur pouvait s'approprier, pourvu qu'il eut acquis de celui qui était saisi et actuel possesseur en son nom, par lui et ses auteurs, par an et jour. Les solennités de l'appropriance, assuraient à l'acquéreur la propriété comme s'il avait acquis du véritable propriétaire « afin que l'ignorance des acquéreurs sur la véritable propriété, ne leur fut pas nuisible » (1).

III. Des titres qui permettent l'appropriance.

D'après l'art. 269 de la Coutume de Bretagne : « tous contrats et titres habiles à transférer seigneurie suffisaient pour s'approprier un héritage, pourvu qu'il ait été acquis, d'un possesseur saisi pendant l'an et jour. » L'acquéreur devait recourir aux appropriances pour purger les hypothèques des créanciers et tous les droits réels qui pouvaient grever l'immeuble. Le successeur universel qui doit exécuter les obligations de son auteur, n'avait pas à se soumettre aux formalités de l'appropriance. Pour s'approprier un bien, l'acquéreur devait être de bonne foi et avoir un titre, l'appropriement fait en vertu d'un titre nul était nul comme le titre.

IV. Formalités des appropriances.

L'acquéreur prenait possession de l'immeuble, il fallait

---

1. *Coutumes générales des pays et duché de Bretagne*, par Poullain Duparc. T. II, page 79.

que cette prise de possession fut réelle et non feinte, afin que les tiers ne fussent pas induits en erreur, de plus, elle était constatée par acte notarié. On publiait ensuite le titre du nouveau propriétaire par trois *bannies* faites à haute voix à la porte des églises des paroisses où les biens étaient situés « par trois dimanches consécutifs sans intervalle incontinent, après l'issue de la grand . messe en la congrégation du peuple. » Le sergent qui faisait la publication déclarait en même temps devant quelle cour l'acquéreur voulait s'approprier.

Huit jours après le dernier dimanche, l'acquéreur faisait certifier les publications devant le juge de la juridiction où les immeubles étaient situés (1). Nous retrouvons ici un acte de juridiction volontaire analogue aux devoirs de loi.

Mais ces publications faites à haute voix tombèrent en désuétude et furent remplacées par des affiches que le sergent rédigeait. Elles relataient la prise de possession et le titre d'acquisition (2).

Un édit de 1626 vint ajouter à ces formalités. Dans le but de réprimer les fraudes provenant de l'infidélité des sergents et de la précipitation qu'ils mettaient à faire les bannies, cet édit ordonnait que tous les contrats fussent insinués et défendait de procéder aux bannies avant cette insinuation. Il créait un greffe pour l'insinuation des contrats, ventes, échanges, et autres aliénations d'héritages et choses censées immeubles, où tous les acquéreurs seront tenus de faire insinuer leurs contrats, six jours avant de se pouvoir valablement approprier.

1. *Cout. de Bretagne*, art. 277.
1. Poulain de Belair sur l'art. 269 de la *Cout. de Bretagne*. No 113.

13

Le greffier était tenu d'avoir des registres reliés, les feuillets devaient être cotés par les juges royaux. La grosse du contrat, présentée à l'insinuation portait la mention du jour où elle avait été insinuée, du volume où elle était enregistrée, et la signature du greffier. Dans chaque greffe, les tiers intéressés trouvaient la liste des contrats qui avaient été présentés, et les noms du vendeur et de l'acquéreur. Ils pouvaient demander des extraits.

L'édit ordonnait à tous ceux qui requéraient l'insinuation, d'élire domicile dans la ville où se trouvait le greffe où la réquisition était faite. Les créanciers du vendeur qui avaient des oppositions à faire, les formulaient à ce domicile (1).

Ce système d'appropriance donnait à tous les contrats une grande publicité. L'acquéreur qui voulait connaître le titre de son vendeur et les charges pesant sur l'immeuble, n'avait qu'à demander extrait des registres tenus au greffe.

V. Des effets de l'appropriance.

L'appropriance avait deux effets : 1° elle assurait à celui qui s'était conformé à la coutume la propriété irrévocable de l'immeuble et enlevait aux tiers le droit de revendication ; 2° elle purgeait l'immeuble de toutes les charges qui pesaient sur lui, quand l'acquéreur s'était approprié sans qu'il fut fait opposition. Le nouveau proprié-

1. Cet édit est rapporté au chap. 59, t. II du *Journal des audiences de Bretagne*. V. Merlin, Réper. au mot appropriance.

taire n'avait à craindre aucune éviction, même s'il avait acquis *a non domino*. Celui qui achetait d'un acquéreur à réméré ne craignait plus l'action du vendeur primitif.

On peut dire qu'après l'appropriement, la propriété était en quelque sorte garantie par l'autorité publique, comme elle l'est en Allemagne par le système des registres fonciers et en Australie par l'act Torrens. Le propriétaire qui avait négligé de faire opposition était dépouillé, il pouvait recourir contre le vendeur et exiger de lui soit des dommages et intérêts, soit une récompense en héritage (1).

Avant l'appropriance, l'acheteur n'était pas propriétaire. Les droits de deux acquéreurs se réglaient non d'après la date de leur contrat, mais d'après celle de l'insinuation.

L'appropriance n'avait aucun effet entre les contractants, mais seulement vis-à-vis des tiers. Le vendeur n'avait pas besoin de faire opposition pour conserver les droits qu'il avait acquis par le contrat ; réciproquement, il ne pouvait, même avant l'appropriance, évincer l'acheteur.

Tous ceux qui avaient acquis des droits sur l'immeuble avant l'appropriance, devaient faire opposition pour les conserver. L'opposition était inutile, croyons-nous, quand l'acquisition de ces droits était relatée au greffe.

Il y avait cependant des exceptions à cette règle en faveur de certaines créances. L'art. 280 de la coutume porte

---

2. Art. 273 de la *Cout. de Bretagne.*

que « nonobstant lesdits appropriements, les rentes censives et autres foncières et droits seigneuriaux qui seront
dus auparavant lesdits appropriements sur les héritages
ne laisseront d'être payés à celui à qui ils étaient dus. »
Les servitudes, hypothèques et le droit au retrait lignager
étaient purgés dès que la formalité était accomplie. Le
douaire de la femme continuait à peser sur l'immeuble,
même si elle n'avait pas fait opposition, parce qu'elle en
était saisie du jour du mariage, disent les commentateurs (1).

L'art. 274 s'exprime en ces termes : « Ceux qui sont
appropriés par bannies d'héritages et de droits réels, en
la forme ci-dessus, sont défendus contre quelque personne que ce soit, absens, mineurs et tous autres. » C'était
dire que celui qui était approprié avait un droit opposable à tous.

La coutume de Bretagne, comme les pays de nantissement proprement dits, donnait une grande publicité aux
mutations. L'acquéreur qui avait satisfait aux obligations
de la coutume était protégé contre tous ceux à qui le vendeur avait pu consentir des droits.

SECTION II

Coutume de Normandie.

En Normandie, nous trouvons les contrats entourés
d'une publicité analogue à celle qui existait en Bretagne, mais ayant des effets moins étendus. Au XIIe siècle,
pour assurer la conservation des biens dans les familles

---

1. Dargentré sur l'art. 269 de la *Cout.*

et faciliter le retrait lignager, l'usage s'introduisit de publier les ventes. Le propriétaire déclarait dans trois plaids successifs du bourg ou de la ville où les fonds étaient assis, plaids qui se tenaient de quinze jours en quinze jours, qu'il était déterminé à vendre ; il faisait sommer ses parents d'être présents au contrat. S'ils ne s'y trouvaient pas, la vente s'effectuait, l'acquéreur entrait en possession devant douze échevins et le juge majeur ou maire. Après un délai d'an et jour, sa propriété était à l'abri de toute réclamation (1).

Cet usage fut conservé par la coutume lors de la rédaction (2) ; le délai du retrait lignager commence au jour de la lecture et publication du contrat ; l'art. 455 nous indique dans quelle forme elles se faisaient : « La lecture du contrat doit se faire publiquement et à haute voix à jour de dimanche, issue de la messe paroissiale du lieu où les héritages sont assis, en la présence de quatre témoins, pour le moins, qui seront à ce appelés et signeront l'acte de la publication sur le dos du contrat dont le curé ou vicaire, sergent ou tabellion du lieu qui aura fait ladite lecture, est tenu faire registre et n'est reçu aucun à faire preuve de ladite lecture par témoins. Pourront, néanmoins, les contractants, pour leur sûreté, faire enregistrer ladite lecture au greffe de la juridiction ordinaire. »

Toutes ces formalités étaient prescrites à peine de nul-

1. V. Houard *Dict. Du Droit Normand* au mot Clameur.
2. *Cout. de Normandie*, art. 452 et suiv.

lité, et ceux qui avaient intérêt à invoquer cette nullité pouvaient exercer le retrait pendant trente ans (1).

La lecture du contrat ne servait pas seulement à faire courir le délai du retrait lignager. L'acquéreur d'une rente foncière devait aussi faire publier son contrat ; cette publication mettait le propriétaire du fonds en demeure de racheter la rente dans l'an et jour du contrat et d'en dégrever l'immeuble (2).

Nous l'avons dit plus haut, les effets de cette publication étaient moins étendus en Normandie qu'en Bretagne et dans les pays de nantissement, mais la publicité existait, elle était utile ; les commentateurs ne nous parlent que de ses effets principaux spécialement visés par la coutume, mais sans aucun doute les tiers en tiraient tous les avantages qu'ils y pouvaient trouver.

1. V. Basnage, *Commentaire de la Coutume de Normandie*, page 335 et suiv.
2. *Cout. de Normandi e.art.* 501.

SECTION III

Des vestures et prises de ban à Metz

A Metz, des formalités spéciales accompagnaient toute mutation de propriété ; ces formalités remontent à une époque très éloignée, mais que l'on ne peut déterminer d'une façon exacte, probablement au XII⁰ siècle, elles se sont conservées jusqu'au XVII⁰ sous les noms de *vesture* et de *prise de ban.*

Vesture. — La vesture était un acte de l'autorité publique à partir duquel courait le délai de possession annale nécessaire pour avoir la saisine définitive. En fait, cette vesture se faisait en même temps que la tradition, la constatait et lui servait de preuve. Les plus anciens documents qui nous restent, montrent cet acte accompli en plaid par le maire assisté d'un échevin : « *In placito bannali per villicum et scabinum* », disent deux titres de 1203 et 1214 (1).

Cette vesture s'appliquait aux censives, nous n'avons pas d'exemple de vesture en fief faite par le maire et les échevins, ces officiers étaient incompétents pour constater de telles mutations, seul, le seigneur pouvait donner l'investiture. Il n'en était pas de même de la vesture en alleu. Les mutations d'héritages libres se faisaient comme celles des censives ; deux titres de 1228 et 1229 fournissent la preuve de ce que nous avançons.

1. Titres rapportés par M. Prost. *Nouvelle revue historique.* Année 1880.

Il nous est permis de constater la vesture à Metz dès le commencement du XIII° siècle, et probablement, cette institution remontait beaucoup plus haut, mais son existence paraît avoir été de courte durée, elle tombe en désuétude vers la fin du XIII° siècle et est remplacée par la *prise de ban* avec laquelle elle coexista d'abord. La disparition de la vesture fut probablement déterminée par l'usage fréquent des prises de ban qui offraient plus d'avantages. La vesture ne se conserve que d'une façon toute nominale et avec le caractère d'une mesure fiscale.

La *prise de ban* qui remplaça la *vesture* était une proclamation solennelle de la tradition et de l'entrée en possession ; elle faisait connaître cette dernière à tous ceux qui pouvaient être intéressés ; les mettait en demeure de s'y opposer. L'acquéreur s'adressait aux officiers municipaux pour être mis en possession et pendant la première année trois publications faites à quatre mois d'intervalle constataient qu'il détenait l'immeuble et à quel titre il le détenait. Les bans se publiaient à Pâques, à la Mi-Août et à Noël ; comme les vestures, ils donnaient un point de départ authentique à l'an et jour de jouissance, au bout duquel le possesseur devenait définitivement propriétaire.

Cette procédure de prise de ban était relatée sur des rôles conservés dans les mairies et témoignant que les bans avaient été régulièrement publiés. Les mutations d'héritages de toutes espèces, de fonds chargés de cens, de rentes de tout genre assignées sur un fonds, de tous modes de tenures, alleu, fief, censive, étaient certifiées de cette manière.

Le registre foncier contenait, outre l'indication de l'héritage, les différentes charges qui pouvait le grever.

Tous ceux qui avaient intérêt pouvaient faire opposition aux bans, c'est ce que l'on appelait l'*escondit*. Ces escondits n'avaient lieu qu'une fois par an, à l'occasion d'une proclamation solennellement faite à l'expiration des pouvoirs du maître échevin. Ce dernier faisait lire en public le rôle où les bans de l'année étaient inscrits pour « *escondire qui escondire veut* » (1). A la fin du XIII° siècle, les tiers pouvaient faire opposition après chaque ban, cette faculté fut restreinte.

Nous n'étudierons pas plus longuement ces procédures, il nous suffit de dire qu'elles assuraient largement la publicité des faits relatifs aux mutations. Elles offraient aux intérêts divers mis en jeu des moyens simples et faciles de se manifester et d'obtenir des garanties ; aussi, l'institution des prises de ban s'est-elle conservée jusqu'au XVII° siècle. Elle est tombée avec l'organisation municipale de la ville de Metz. L'installation d'un baillage royal en 1641 la fit disparaître complètement.

---

1. Chronique de Ph. de Vigneulles dans Huguenin, les *chroniques de la ville de Metz*, rapportées par M. Prost. *Revue historique de 1880.*

CHAPITRE IV

FORMALITÉS QUI ACCOMPAGNAIENT LES MUTATIONS DANS LES
COUTUMES DE DROIT COMMUN.

SECTION I

Mutations à titre onéreux

Nous avons étudié la publicité donnée aux mutations dans les pays de nantissement. Cette publicité fut-elle complètement inconnue dans le reste de la France?

Dans les pays de droit écrit, les mutations à titre onéreux étaient occultes, l'insinuation des donations existait en général, mais combien d'exceptions! La formalité n'était exigée que pour les donations de plus de cinq cents solides (1). Les donations faites à l'église, à des mineurs, celles qui étaient rémunératoires ou faites sous condition en étaient dispensées. On s'aperçut cependant des inconvénients de l'occultanéité, les jurisconsultes du XVIᵉ siècle s'inquiétaient plus qu'on ne le croit habituellement des droits des tiers ; l'Italien Alciat, qui enseignait le droit romain en France, disait déjà : L'insinuation n'a pas été introduite simplement dans l'intérêt des contractants, et pour empêcher un homme de mauvaise foi de tromper ses créanciers sur l'importance de son patrimoine (2).

1. A Rome le solide valait 15 fr.
2. Alciat sur le titre de *jure-jurando*. Nᵒˢ 178, 179. Edit. 1582·
T. III, page .889

Dans les pays de coutumes, on s'écarta de plus en plus des formalités nécessaires à l'époque féodale, pour effectuer la transmission de la propriété. La coutume de Paris, article 82, accepta la règle « *nul ne prend saisine qui ne veut* » et Loysel nous dit dans ses institutes coutumières : « *Appréhension de fait équipolle à saisine.* » En un seul cas, les anciennes formalités de saisine et d'investiture étaient encore nécessaires, c'était pour faire courir le délai du retrait lignager (1).

L'influence de l'étude du droit romain avait détruit le formalisme féodal, tous les efforts de la jurisprudence, remarque M. Troplong (2), tendirent à introduire les traditions romaines, *longa manu*, *brevi manu*, et le constitut possessoire. Cette jurisprudence qui voulait la simplification du droit alla trop loin, elle abandonna ce qui était utile à l'intérêt des tiers, à la sécurité des acquéreurs. La tradition romaine elle-même parut gênante, elle fut remplacée par les clauses de dessaisine-saisine devenues de style dans les actes authentiques et que la coutume d'Orléans considère comme suffisantes (3).

Ces idées nouvelles prévalurent, mais rencontrèrent quelques obstacles. Dumoulin critique la clause de constitut : « *non est neque vera neque ficta traditio* » et Ricard voyait disparaître avec peine la tradition, moyen bien faible cependant d'assurer la sûreté du commerce (4). A plusieurs reprises, la royauté aperçut l'inconvénient

1. *Coutume de Paris*, art. 130.
2. Troplong. Transcription. N. 6.
3. Orléans, art. 278.
4. Dumoulin sur la Cout. de Paris, t. I. § 20 glose 20. Ricard, des donations 1ʳᵒ partie, nᵒ 991.

qu'il y avait à laisser secrètes les mutations de propriétés, cette opinion fut fortifiée par le besoin d'argent.

Signalons un premier essai : le nantissement avait été introduit à Paris le 27 mai 1424, par lettres d'Henri VI, roi d'Angleterre qui occupait la ville à cette époque (1).

Henri III, par l'édit de 1581, exige l'enregistrement des contrats, dans les deux mois de leur date, cet enregistrement seul faisait acquérir la propriété et les hypothèques, mais l'édit fût attaqué et révoqué en 1588.

Henri IV, en 1606, prescrivit la publicité des contrats de vente, d'hypothèque et des déclarations d'emprunt, ce nouvel essai rencontra les résistances des parlements, seul celui de Normandie consentit à enregistrer l'édit.

L'édit de 1673 ordonnait la publicité des hypothèques mais cette tentative de Colbert fut vaine, la noblesse résista avec énergie à cette mesure qui faisait trop apparaître le degré de solvabilité de chacun, l'édit fût révoqué en 1674 (2). Le chancelier d'Aguesseau lui-même, fût un adversaire de la publicité, « comme le nombre des débiteurs est très considérable dans le royaume, leur intérêt devient pour ainsi dire, une espèce de raison d'État (3).

Un autre essai fût fait en mars 1693, cet édit était inspiré par ceux de 1581 et de 1606. Le contrôle fût rétabli, tous les actes y furent assujettis, ceux qui n'étaient pas contrôlés n'avaient aucun effet. Pour que l'acquéreur

1. V. Denisart au mot nautissementt et Maillard notes sur le titre II de la *coutume d'Artois*. N° 11.

2. V. M. Laferrière. *Essai sur l'histoire du droit Français* T. I page 364 et suiv.

3. Daguesseau. T. XII, page 622-623.

devînt propriétaire, la tradition réelle ou fictive ne suffisait pas, il fallait que la formalité fût remplie.

L'édit de 1703 fût une réglementation des dispositions précédentes, il contient un tarif des droits et s'applique aux donations. Louis XIV ne prit pas la peine de déguiser sous l'apparence de l'intérêt des tiers une mesure purement fiscale. Il crée des offices pour se procurer, dit-il, les secours qui lui sont nécessaires. Les greffiers des insinuations, devaient enregistrer tous les actes et contrats que le public avait intérêt à connaître. Tout acte non insinué était nul. L'édit ne distingue pas les effets de l'acte entre les parties ou vis-à-vis des tiers. Le contrat doit être insinué à peine de nullité, jusqu'à l'insinuation, les contrats et actes ne pourront « avoir aucun effet en justice ni autrement en quelque sorte et manière que ce soit. » Cet édit fût complété par les déclarations de juillet 1704 et du 17 octobre 1721.

SECTION II

. Publicité des donations dans les coutumes de droit commun.

L'insinuation ne fut introduite dans les pays coutumiers qu'au XVIe siècle, avant cette époque, toute transmission de propriété était occulte. Il faut signaler cependant deux tentatives de publicité antérieures au XVIe siècle. Une ordonnance du Dauphin Louis XI prescrit pour le Dauphiné des formalités destinées à empêcher les fraudes. Toute donation dût être faite devant le juge, le bailli, le chatelain du domicile du donateur, en présence de trois de ses plus proches parents ou à défaut de parents habitant la même paroisse en présence de trois témoins honnêtes (1). Le 28 août 1472 un édit du roi René, inspiré par l'ordonnance de 1456, exige les mêmes formalités que cette dernière (2).

Dans les pays de nantissement, au contraire, les mutations immobilières à titre gratuit ou à titre onéreux, étaient rendues publiques par les moyens que nous avons décrits. Les tiers savaient toujours qui était propriétaire. Lorsque l'insinuation fut introduite dans les pays de coutume, le besoin d'une publicité nouvelle ne se faisait pas sentir dans les coutumes du nord, aussi gardèrent elles leur ancienne législation.

II. *Insinuation après le XVᵉ siècle.*

François Iᵉʳ par l'ordonnance de Villers-Cotterets, en 1539, rendit nécessaire l'insinuation de toutes les donations dans tout le royaume, cette ordonnance fut modifiée, complétée par différents édits, déclarations et par d'autres ordonnances (3). Les uns s'appliquent plus

1. Le texte de cette ordonnance se trouve à la fin des œuvres de Guy Pape, *Guidonis Papæ decisiones delphinales* voy. Delacroix sur le statut delphinal : Argou, *Institution au droit français.* I. p. 292.

2. Edit du 28 août 1472. Mourgues *Commentaire sur les statuts en Provence.*

3. Ordonnance de 1539, art .132, 133. Déclaration de 1549. Edit. de 1553. Ordonnance de Moulins 1566. Déclaration de 1622. Déclarations de 1645, de 1690. Edit de 1703. Déclaration de 1704. Edit de 1705. Arrêt du conseil de 1706. Déclaration de 1708. Déclaration de 1714. Arrêt du conseil de 1720. Déclarations de 1729, de 1731. Lettres patentes de 1766 et de 1769.

spécialement aux donations, d'autres ordonnent l'insinuation ou le contrôle de tous les actes. L'idée qui présida à la confection de ces ordonnances fut d'abord une idée de protection du droit des tiers. Henri II, par les ordonnances de 1553 et de 1581, assujettissait à la publicité les donations et tous les actes qui ont pour but de faire acquérir seigneurie, propriété, droit d'hypothèque et réalité, tels que les ventes, échanges, cessions, constitions de rentes, contrats de mariage, substitutions, testaments, etc. qui sont *utiles à connaître pour les tiers*. Mais bientôt la royauté. poussée par des nécessités financières, ne vit plus dans les insinuations qu'un moyen de se procurer de l'argent par la vente des offices et par l'impôt perçu. L'édit de 1703 (1) ne permet aux tiers de consulter les registres qu'après avoir obtenu la permission du juge, c'était anéantir la publicité pour ne laisser qu'un véritable impôt.

Nous pouvons constater, dans les dispositions qui prescrivent la publicité, l'évolution d'une autre idée. D'après les édits de Henri II, la propriété, l'hypothèque ne sont pas acquises si les contrats ne sont pas enregistrés dans les deux mois à partir de leur date ; s'il n'y a pas eu enregistrement, l'acquéreur ne deviendra pas propriétaire, le droit acquis ne pourra être opposé aux tiers, au bout de deux mois le contrat sera considéré comme n'ayant jamais existé (2).

Au contraire, d'après la déclaration de 1704, l'acte non insinué est opposable aux tiers, mais ne peut être pro-

1. Edit de 1763, *dit tarif des insinuations laïques*, art. 18.
2. Edit de juin, 1581. art. I.

duit en justice : « s'il n'y a pas insinuation, tous contrats
.... ne peuvent avoir aucun effet en justice ni autrement,
en quelque sorte et manière que ce soit, qu'après l'insinuation à peine de nullité des procédures faites avant,
perte des fruits et revenus échus jusqu'au jour de l'insinuation et de 300 livres d'amende contre les parties et
les procureurs qui ont occupé ». Cette déclaration ne
considérait pas comme nul le contrat non insinué dans
un délai de deux mois, l'acte pouvait être enregistré à
toute époque, il suffisait de le faire insinuer pour le
produire en justice.

L'idée première de protection de l'intérêt des tiers
avait disparu complétement en 1704 pour faire place à
l'idée fiscale. Avec l'ordonnance de 1731 sur les donations, on revint aux anciens principes de publicité,
mais pour les actes à titre gratuit seulement. Les actes
à titre onéreux restaient secrets, on craignait davantage les fraudes en matière de donations, elles font
sortir une valeur du patrimoine sans compensation pour
le donateur. Ici encore, l'influence du droit romain qui
n'avait connu que l'insinuation se fit sentir, les études
romaines empêchaient toute innovation et tout retour au
droit coutumier primitif.

SECTION III

Influence des Ordonnances et des édits sur la législation
des pays de nantissement.

Nous devons étudier, maintenant quelle a été l'influence des ordonnances royales sur la législation des pays de
nantissement.

Ces ordonnances pénétrèrent-elles en Artois, y renver-
sèrent-elles les principes établis ? L'Artois avait été cédé
à Charles-Quint, en 1525, il fut réuni à la couronne par
les traités de 1659 et de 1678. Les divers édits rendus
avant cette dernière date ne purent lui être appliqués.
L'édit de 1693 fut-il enregistré en Artois ? nous ne le
croyons pas. Maillart nous dit que la nécessité du contrôle fut établie dans ce pays par l'édit de février 1696,
qui malgré certaines résistances fut exécuté vers le milieu de la même année. Mais les états d'Artois réclamè-
rent et obtinrent un arrêt du conseil du 13 mai 1698 qui
abolissait le contrôle (1). L'édit de 1703 ne fut pas exécuté en Artois, cette province fut dispensée des formalités qu'il prescrivait par l'édit du 15 septembre 1704.

L'ordonnance de 1747 introduisait l'hypothèque légale
tacite dans les coutumes du nord, le parlement de Flandre résista et regarda les articles de l'ordonnance où il
est question d'hypothèque légale comme non-avenus.

L'édit du mois de juin 1771 abroge « l'usage des saisines et nantissements pour acquérir hypothèque et préférence, dérogeant à cet effet à toutes les coutumes et
usages à ce contraires » mais, l'édit ne visait que les
formalités relatives aux hypothèques et ne changeait
rien aux modes d'acquérir les autres droits réels.

Cet édit et l'ordonnance de 1772 qui le suivait, tendaient à bouleverser le système hypothécaire des pays
de nantissement, à leur imposer le système de l'hypo-

---

1. Maillart, sur l'article 23 de la coutume d'Artois. A Arras, le
contrôle ne fût aboli qu'en 1708.

thèque occulte admis généralement en France. Mais les
coutumes du nord résistèrent, l'édit et la déclaration que
nous avons cités ne furent ni enregistrés au parlement
de Flandre, ni exécutés dans le ressort du conseil provincial d'Artois. Nous pouvons conclure et dire que l'u-
sage du nantissement se conserva dans les provinces de
Picardie, d'Artois, de Vermandois et de Belgique (1).

En résumé, les pays de nantissement en complétant
les usages germaniques et féodaux eurent une législation qui assurait la publicité des transmissions de droits
réels à titre onéreux et à titre gratuit. C'est dans ces
coutumes que les lois révolutionnaires puisèrent leurs
principes.

1. Merlin. Nantissement § 1.

QUATRIÈME PÉRIODE.

SECTION I

Lois de 1790 et Messidor An III

Les justices seigneuriales furent supprimées par la loi du 4 août 1789 qui consacrait l'abolition de tous les privilèges. Ces justices supprimées, l'accomplissement des devoirs de la loi et des autres formalités opérant nantissement devenait impossible. Les transmissions de propriété, les hypothèques qui depuis un temps immémorial étaient publiques dans les pays de nantissement, devenaient occultes. L'assemblée comprit la nécessité de déterminer les justices dorénavant compétentes pour recevoir les devoirs de loi, elle le fit par une loi des 19-27 septembre 1790 dont nous extrayons les articles relatifs à notre sujet.

Art. 3. A compter du jour où les tribunaux de district seront installés dans les pays de nantissement, les formalités de saisine-dessaisine, deshéritance, vest-devest, reconnaissance échevinale, mise de fait, main assise, plainte à la loi, et, généralement toutes celles qui tiennent au nantissement féodal ou censuel, seront et demeureront abolies ; et, jusqu'à ce qu'il en ait été autrement ordonné, la transcription des grosses des contrats d'aliénation ou d'hypothèque en tiendra lieu et suffira en conséquence pour consommer les contrats d'aliénation et les constitutions d'hypothèque, sans préjudice, quant à la manière d'hypothéquer les biens, de l'exécution de l'article 35 de l'édit du mois de juin 1771 et de la déclaration du 27 juin 1772 dans les pays de nantissement où elles ont été publiées.

Art. 4. Lesdites transcriptions seront faites par les greffiers des tribunaux de district de la situation des biens, selon l'ordre dans lequel les grosses des contrats leur auront été présentées et qui sera constaté par un registre particulier dûment coté et paraphé par le président de chacun des tribunaux. Les registres destinés à ces transcriptions, seront pareillement cotés et paraphés et les greffiers seront tenus de les communiquer sans frais aux requérants.

Cette loi faisait prévoir une loi générale pour toute la France, sur la manière de consolider toutes les aliénations et de rendre les hypothèques publiques, c'est la première qui emploie le mot transcription et elle modifie le mode de publicité adopté. Dans la plupart des pays de nantissement, la publicité s'opérait par la transcription aux greffes du procès-verbal constatant les formalités des devoirs de loi. La loi du 27 septembre 1790 exige la transcription de la grosse du contrat. Les anciennes formalités de main assise, mise de fait ont disparu. La transcription du contrat suffit pour *consommer les aliénations* et les constitutions d'hypothèques, mais elle est nécessaire et jusqu'à la transcription, il n'existe entre l'acheteur et le vendeur que des rapports de créancier à débiteur. C'est la transcription qui opère la transmission de propriété. Les rédacteurs de la loi de 1790 n'avaient pas voulu changer le fond de la législation des pays de nantissement, ils effaçaient des coutumes du Nord ce qui, dans la forme, rappelait la féodalité. La loi ne s'appliquait qu'aux pays de nantissement ; le reste de la France conserva sa jurisprudence telle que nous l'avons constaté plus haut.

Mais, l'exemple donné par les pays de nantissement avait été un sujet de méditation pour les esprits réformateurs. Le système de publicité qu'ils avaient adopté favorisait le crédit public et concordait avec les idées des économistes sur la mobilisation du sol. Ce système fut modifié et appliqué à toute la France par la loi du 9 messidor an III. Voici ce qu'elle stipule :

Art. 276. « Toutes les lois, coutumes et usages observerés antérieurement sur les hypothèques, appropriances, nantissement, œuvres de loi et ventes d'immeubles sont abrogés ». Toute hypothèque sera désormais constituée par acte authentique ou par jugement (1). La loi fixe l'ordre et le rang des hypothèques et innove en créant l'hypothèque sur soi-même, comme moyen de crédit. Le propriétaire d'un immeuble peut se présenter devant le conservateur des hypothèques et lui déclarer la valeur de ses biens. Le conservateur est garant de cette valeur, s'il ne conteste pas la déclaration faite. La loi accorde au propriétaire le droit de prendre hypothèque sur soi-même pour un temps déterminé qui ne peut dépasser dix ans, par la voie des cédules hypothécaires, jusqu'à concurrence des trois quarts de la valeur vénale des immeubles. Ces cédules étaient transmissibles par l'endossement à ordre, et, devenaient un titre exécutoire contre le souscripteur.

1. Art. 3, art. 17.

Quant aux nouvelles règles adoptées pour les transmissions, elles se trouvent dans les articles 99 et 100.

Art. 99. Nulle expropriation de biens territoriaux volontaire ou forcée, entre vifs et à quel titre que ce soit, ne peut avoir lieu à peine de nullité, si elle n'a été précédée de la déclaration foncière déposée entre les mains du conservateur.

Art. 100. La loi ne reconnaît aucune expropriation de biens territoriaux faite verbalement ou par écrit privé. Elles doivent être reçues devant des officiers publics à peine de nullité.

Pour devenir propriétaire incommutable, l'acquéreur doit notifier et déposer expédition de son contrat au bureau de la conservation des hypothèques de l'arrondissement où les biens sont situés. Il doit payer et acquitter dans le cours du mois suivant, toutes les créances hypothécaires et cédules, du fait de son auteur, ayant une date antérieure ou déposer leur montant à la caisse du receveur de district (105).

Si la première de ces obligations n'est pas accomplie, les hypothèques du fait du vendeur consenties après le contrat sont bien et valablement acquises jusqu'au jour de la notification (106). Les créanciers hypothécaires non désintéressés conservaient le droit de faire saisir et vendre l'immeuble hypothéqué.

Quand les formalités édictées étaient accomplies, l'acquéreur devenait propriétaire incommutable, en ce sens que l'ancien propriétaire ne pouvait plus grever d'hypothèques ou autres charges le bien aliéné ; mais l'observation des formalités n'était pas nécessaire pour rendre l'acquéreur propriétaire. La vente était parfaite, même à l'égard des tiers, par cela seul qu'elle avait été suivie de tradition, elle était alors opposable à un second acquéreur ; c'est ce que décide la jurisprudence de la Cour de cassation, arrêt du 28 juin 1816 (1).

La publicité organisée par la loi de messidor paraît avoir pour but de protéger les créanciers hypothécaires et l'acquéreur, elle ne s'occupe pas du tiers acquéreur de l'immeuble, ni du conflit qui peut intervenir entre deux acquéreurs successifs.

La préoccupation dominante des législateurs de l'an III fut de réagir contre l'ancien régime des biens, de détruire l'idée féodale qui considérait la terre comme la base de toute richesse et de toute puissance, en un mot de mettre la richesse mobilière au rang de la richesse immobilière. Ils creèrent, pour y arriver, l'hypothèque sur soi-même. Tout propriétaire pouvait mettre en circulation ses immeubles représentés par des cédules délivrées par le conservateur des hypothèques. Le sol serait mobilisé, l'agriculture, le commerce trouveraient facilement les capitaux qui leur sont nécessaires et rendraient au centuple ce qu'on leur aurait prêté. C'étaient là de belles idées, mais qui étaient peu en rapport avec les mœurs du XVIIIᵉ siècle. La loi de messidor était trop compliquée, elle vécut peu ; on a même soutenu qu'elle n'eût jamais d'effet obligatoire (1). Il fallut plus d'un demi-

1. S. 1817, I. 294.
1. *Arrêt du 26 janvier* 1807. S. 1807, I. 207.
V. lois du 30 vendemiaire, an IV.
   26 frimaire, an IV.
   19 prairial, an IV.

siècle pour que les conceptions des législateurs révolutionnaires fussent comprises et mises en pratique (2).

SECTION II

Loi de brumaire an VII.

La loi de messidor n'avait pas eu d'effet pratique, le législateur de l'an VII laissa de côté toute idée philosophique et théorique et organisa sur des bases rationnelles la publicité des transmissions de propriété immobilière et la publicité des hypothèques ; il emprunta l'idée fondamentale de son système à la législation des pays de nantissement.

La loi du 11 brumaire an VII sur le régime hypothécaire généralisa les dispositions de la loi de 1790, elle exigea la transcription au bureau de la conservation des hypothèques de tous les actes translatifs de biens et droits susceptibles d'hypothèques. Des conservateurs furent créés, ils eurent les attributions que la loi de 1790 donnait aux greffiers des tribunaux de district.

L'art. 26 de la loi s'exprimait ainsi : « Les actes translatifs de biens et droits susceptibles d'hypothèque doivent être transcrits sur les registres du bureau de la conservation des hypothèques dans l'arrondissement duquel les biens sont situés. Jusque-là, ils ne peuvent être opposés aux tiers qui se seraient conformés aux dispositions de la présente. »

2 R. Torrens fit voter son système de mobilisation en 1857-1858.

Quel était le résultat de cette loi ? Au point de vue de la forme de la publicité, il n'y a là qu'une innovation sans importance théorique. Les anciens principes des coutumes féodales conservées dans les Flandres sont consacrés de nouveau. Mais, tandis que la loi de 1790 et celles qui l'ont précédée ne considèrent la transmission de propriété comme parfaite, tant entre les parties qu'à l'égard des tiers, qu'après l'accomplissement des devoirs de loi ou de la transcription, la loi de l'an VII, au contraire, semble dire que la propriété est transférée entre les parties par l'effet du contrat. La transcription ne serait nécessaire que pour rendre le contrat opposable aux tiers.

Si le législateur n'avait pas posé nettement, dans cette loi, le principe que le contrat de vente était translatif de propriété, ce principe semble avoir été admis implicitement ; il s'était glissé sans que les rédacteurs s'en fussent aperçu.

Les idées romaines, sur ce point, étaient, sous l'influence de la pratique, tombées en désuétude. La propriété n'était-elle pas transférée par l'effet d'une simple clause du contrat ; encore cette clause, devenue de style, pouvait être omise. Déjà, à cette époque, on peut affirmer que le contrat transfère la propriété. Ricard dit en effet « que la tradition ne servait plus, dans la plupart des coutumes, qu'à grossir les clauses du contrat et ne dépendait plus que du style des notaires » (1). Domat va jusqu'à dire que la vente transférait la propriété ; elle

1. Ricard, *des Donations*. N° 901.

implique de la part du vendeur le consentement de mettre l'acquéreur en possession (1).

La théorie romaine, qui considérait la vente comme un échange de créances, est écartée par ceux qui font de la pratique et ne subsiste que dans les ouvrages de ceux qui se livrent aux études théoriques (2). Dumoulin admettait que l'acquéreur créancier d'un corps certain put être mis en possession de la chose *manu militari*, pourvu qu'elle fut entre les mains du débiteur ou de ses héritiers : « *Quia quamvis actio mere sit personalis, tamen executio judicati in rem scripta est, et divisio non debet impediri vim futuri judicio nec executionem in rem et in ejus posessorem salvo contra heredes recursu* (3). »

Il n'est donc pas étonnant que ce principe nouveau fut introduit dans la loi de l'an VII, il était, avant la rédaction de la loi, passé dans les usages, dans les mœurs. L'idée qui domine est que celui qui achète veut devenir propriétaire, il y avait peu de chemin à faire pour dire que celui qui achète est propriétaire.

En résumé, d'après la loi de 1790, il faut que l'acte soit transcrit pour que la transmission de propriété soit accomplie. D'après la loi de brumaire, la transmission de propriété a lieu même avant la transcription, mais elle n'est pas opposable aux tiers. C'est la première loi qui distingue les effets de la transcription entre les parties et vis-à-vis des tiers.

---

1. V. Domat, liv. I, titre II, sect. II, 5 et suiv. où il donne une grande extension aux moyens d'opérer la délivrance.
2. Pothier. Vente, n° 7.
3. Molin. *Tract de ind.* p. 2, n° 84.

CINQUIÈME PÉRIODE

DROIT MODERNE

SECTION I

Code civil.

Nous venons de voir quel système avait adopté la loi de brumaire an VII, et quels principes nouveaux elle introduisait dans la législation. Le seul consentement suffisait pour transférer la propriété, et il fallait distinguer les effets du contrat vis-à-vis des tiers et entre parties. Le représentant Crassous le faisait remarquer dans son rapport au conseil des Cinq-Cents : « La mutation, en ce qui concerne le vendeur et l'acheteur, est parfaite par le seul consentement mutuel. »

Les rédacteurs du Code civil adoptèrent en partie le système de la loi brumaire, comme elle, ils déclarèrent que seul le consentement suffisait à transférer la propriété. Nous lisons à l'article 711 : La propriété des biens s'acquiert et se transmet par succession, par donation entre-vifs ou testamentaire et par l'effet des obligations. Mais cet article visait-il la transmission de propriété *inter partes* et vis-à-vis des tiers, ou seulement la transmission entre les parties, c'est ce qu'il est difficile de dire.

Il y avait au Conseil d'État deux tendances opposées ;

les uns voulaient conserver les principes romains, les autres préféraient la législation de l'an VII basée sur celle des pays de nantissement. L'article adopté fut le fruit de concessions faites par les partisans des deux opinions. Il admettait le principe que la vente suffit à transférer la propriété, principe qui avait peu à peu pénétré dans les pays de coutumes, nous l'avons montré plus haut, mais il laissait de côté la distinction des droits des tiers.

L'article 38 du projet du Code au titre des obligations conventionnelles, fixait le droit des tiers en ce sens que le contrat leur était immédiatement opposable s'il était rédigé par un notaire : « Dès l'instant que le propriétaire a contracté par acte authentique, l'obligation de donner ou de livrer un immeuble, il en est exproprié, l'immeuble ne peut plus être saisi sur lui par ses créanciers, l'aliénation qu'il en fait postérieurement est nulle et la tradition qu'il aurait pu faire à un second acquéreur ne donne aucune préférence à celui-ci. » Cet article 38 était la conséquence logique du principe posé par l'article 711, il ne fut pas accepté, probablement sur les réclamations des partisans de la législation de l'an VII. Les rédacteurs, pour ne pas entraver continuellement leurs travaux, décidèrent d'ajourner les questions relatives aux droits des tiers, à l'époque où ils traiteraient de la vente et des privilèges et hypothèques (1).

L'article 1138 fut ainsi conçu : « L'obligation de livrer la chose est parfaite par le seul consentement des parties contractantes, elle rend le créancier propriétaire et

1. Art. 1140, civ.

met la chose à ses risques, dès l'instant où elle a dû être livrée ». Nous n'exposerons pas les difficultés que fait surgir la rédaction embarrassée de cet article. Remarquons seulement l'influence de l'ancienne jurisprudence sur ce point ; c'est le consentement des deux parties qui produit l'obligation, et l'obligation qui rend propriétaire. De même, d'après l'ancienne théorie, le contrat ne produit qu'une obligation. Dorénavant l'obligation de livrer rendra propriétaire. Les rédacteurs auraient pu dire : « le seul consentement des parties rend propriétaire » puisque d'après la rédaction de l'article 1138 celui qui stipule n'est pas un instant créancier mais devient immédiatement propriétaire. Comme les Romains, le législateur analyse l'acte, le consentement produit une obligation et le créancier devient propriétaire.

Quand les rédacteurs furent arrivés au titre de la vente, ils réservèrent encore la question de l'effet du contrat vis-à-vis des tiers : « La vente est parfaite entre les parties et la propriété est acquise de droit à l'acheteur » à l'égard du vendeur « dès qu'on est convenu de la chose et du prix », on pourrait induire de cet article par argument a contrario que la propriété n'est pas acquise à l'égard des tiers quand les deux parties ont consenti. Mais les arguments a contrario sont faibles d'ordinaire. ce dernier le serait plus que les autres. L'étude des travaux préparatoires du titre des Privilèges et Hypothèques prouve que d'après le Code civil le consentement est suffisant pour rendre la transmission parfaite même à l'égard des tiers. Lisons ces travaux préparatoires :

Art. 91. — Les actes translatifs de propriété, qui n'ont pas été transcrits, ne peuvent être opposés aux tiers qui auront contracté avec le vendeur et qui se seraient conformés aux dispositions de la présente.

Art. 92. — La simple transcription des titres translatifs de propriété sur les registres du conservateur ne purge pas les privilèges et hypothèques établis sur l'immeuble. Il ne passe au nouveau propriétaire qu'avec les droits qui appartenaient au précédent et affecté des mêmes privilèges et hypothèques dont il était chargé (1).

Ces deux articles avaient été introduits par les partisans de la loi de brumaire, c'était rendre la transcription nécessaire pour pouvoir opposer le contrat aux tiers. La section de législation supprima complètement l'art. 91 et rédigea ainsi l'article 2182, alinéa 2 du Code civil : Le vendeur ne transmet à l'acquéreur que la propriété et les droits qu'il avait lui-même sur la chose vendue. C'était considérer la vente comme parfaite et la propriété transférée même à l'égard des tiers par le simple effet du consentement.

Le contraire a été soutenu en se basant sur les raisons suivantes :

1° L'art. 2182 ne détruit pas les articles 711, 1138 et 1583 ; ce dernier dit : « La vente est parfaite entre les parties et la propriété est acquise à l'acheteur à l'égard du vendeur. » C'est donc, disent les partisans de cette doctrine, que pour opposer l'acte aux tiers, il faut accomplir une formalité qui ne peut être autre que la transcription.

1. Locré, *leg. XVI*, p. 236.

2° L'article 2181 exige la transcription pour purger et l'art. 2189 en dispense l'acquéreur ou le donataire qui conserve l'immeuble mis aux enchères, en se rendant dernier enchérisseur.

3ª L'article 2198 semble bien ordonner la transcription.

Enfin, le Code civil exige certainement la transcription des donations; pourquoi n'en serait-il pas de même des autres modes d'acquérir? Pourquoi donner la publicité aux hypothèques et laisser les mutations de propriété dans l'ombre.

Quoiqu'il en soit, nous croyons avoir démontré, en étudiant les travaux préparatoires, que les rédacteurs du Code, laissant de côté la loi de brumaire et les principes admis dans les pays de nantissement, n'ont pas assujetti à la transcription les actes autres que les donations. La jurisprudence a toujours admis cette dernière opinion. Les articles du Code cités plus haut ne rendent pas la transcription nécessaire ; ces phrases, qui semblent impliquer cette nécessité, sont des lambeaux de projets primitifs conservés par inattention. Quant à l'argument tiré de la nécessité de la transcription pour les donations, on le réduit à néant en disant que la transcription des donations existait seule dans les pays de droit écrit, c'est cette législation qui a prédominé dans le Code civil.

Après la vente, les créanciers hypothécaires ne peuvent plus prendre inscription. tous les droits consentis par le vendeur sont nuls. L'acte inconnu de ceux qui ont le plus d'intérêt à le connaître, leur est cependant opposable.

SECTION II

Code de procédure et loi de 1816.

Les rédacteurs du Code de procédure civile essayèrent de remédier à quelques-uns de ces inconvénients ; l'article 834 donne aux créanciers hypothécaires du vendeur le droit d'inscrire leur hypothèque jusqu'à la transcription, et même dans la quinzaine qui suit, mais il ne modifie en rien le système de transmission adopté par le Code civil. De deux acquéreurs successifs d'un même immeuble, celui qui a acheté le premier est propriétaire, même si c'est le second acquéreur qui a transcrit le premier. On peut dire, cependant, que le Code de procédure invitait tout acquéreur à transcrire son titre d'acquisition. Il y eut là un grand pas vers la publicité des aliénations.

La pratique se conforma peu à la loi, l'intérêt que l'acquéreur avait à transcrire n'était pas assez considérable, la transcription n'étant utile que pour opposer le titre aux créanciers négligents. L'acheteur préférait économiser les frais que réclamait l'enregistrement.

L'administration se plaignit et la loi du 28 avril 1816 lui permit de percevoir en même temps, l'impôt sur les mutations et le droit de transcription. Art. 52 : « Le droit d'enregistrement des ventes d'immeubles est fixé à 5 1/2 pour cent, mais la formalité de la transcription au bureau de la conservation des hypothèques ne donnera plus lieu à aucun droit proportionnel. Après cette loi les acquéreurs n'avaient plus aucun intérêt à négliger les garanties qu'elle offrait.

La transcription exista dès 1816, mais elle ne faisait qu'empêcher les créanciers hypothécaires de prendre inscription à une époque quelconque, elle ne réglait pas complètement les rapports du propriétaire avec ceux qui avaient acquis des droits sur l'immeuble.

Longtemps avant 1855, il fut question de modifier les lois existantes. Nous citerons le projet de 1841 conçu après enquête et sur l'avis des Facultés de droit et des Cours. Les unes voulaient que la transmission de la propriété fût rendue parfaite entre les parties par le consentement seul, et qu'elle ne put être opposée aux tiers qu'après la transcription. Les autres préféraient un système plus radical, dans leur opinion la propriété eut été transférée entre les parties et à l'égard des tiers après la transcription seulement. Ce dernier système était la reproduction de la législation des pays de nantissement, il était plus conforme à la théorie juridique. En l'adoptant on eut évité le défaut de symétrie qui se trouve dans la loi de 1855 : Le second acquéreur tient ses droits d'un non-propriétaire, il transcrit et acquiert tous les droits que son auteur n'avait déjà plus.

La commission dont le rapporteur était M. Persil soumit à l'assemblée nationale un projet contenant le principe de la publicité des mutations, mais n'ordonnant pas la transcription des titres. Il prescrivait le dépôt d'une expédition au bureau des hypothèques. On voulut donner à la formalité le nom de réalisation, expression employée autrefois dans les pays de nantissement, elle ne s'appli-

16

quait plus exactement puisque le contrat seul conférait
un droit réel, aussi, fut-elle repoussée. Le mot publication qui fut proposé ne fut pas accepté. On donna le nom
de transcription à cette formalité qui cependant n'était
qu'un dépôt ; cette expression se trouvait dans la loi de
brumaire an VII. Les graves évènements qui survinrent,
empêchèrent le projet d'aboutir.

Sous l'Empire, après la création du Crédit Foncier, on
s'aperçut que cette institution ne pouvait fonctionner
avec le mode établi pour la transmission de la propriété
immobilière. M. de Vatimesnil disait, en parlant des sociétés de crédit foncier :

« Ces associations ne peuvent ni se former d'une manière raisonnable, ni, en les supposant formées, atteindre
leur but qu'autant que les lois offrent aux prêteurs une
sûreté complète et la perspective d'un prompt remboursement » (1).

M. de Belleyme s'exprimait ainsi devant le Corps légis-
latif au mois de janvier 1855 : « Le Crédit Foncier lutte
avec peine contre les difficultés d'une loi vicieuse, ses
opérations s'en ressentent, son développement en souffre.
Sa concentration entre les mains d'une grande Société
qui étend ses opérations sur toute la France exige impé-
rieusement, pour la sécurité et la rapidité de ses opérations, que la propriété cesse d'être occulte et que les
prêteurs ne soient pas livrés sans défense à la mauvaise
foi des emprunteurs » (2).

Le Conseil d'État reprit les anciens projets et prépara

1. *Moniteur du 26 avril* 1850.
2. *Rapport de projet de loi sur la transcription.*

la loi sur la transcription en matière hypothécaire. Elle fut promulguée le 25 mars 1855.

En résumé, la publicité des mutations qui protège les intérêts des tiers et ceux des acquéreurs, en germe dans les usages germaniques, s'est développée pendant la période féodale, fut abandonnée par presque toutes les coutumes et conservée seulement dans les pays de nantissement, où elle prit un nouvel essor. La législation de ces pays, grâce aux avantages qu'elle offrait, fut le modèle des rédacteurs des lois de l'an VII et de 1855.

POSITIONS

Droit romain

POSITIONS PRISES DANS LA THÈSE

La tradition transfère la propriété, même si celui qui la reçoit est de mauvaise foi.

Le *corpus* exigé pour le transfert de la possession consiste dans la faculté physique d'user et de disposer de la chose.

POSITIONS PRISES EN DEHORS DE LA TÈHSE

A l'origine l'usucapion n'exige ni juste titre ni bonne foi.

La tradition réelle n'a pas été la seule possible à l'origine.

La mancipation a une origine coutumière.

Dans le dernier état du droit romain le mari avait la propriété des biens dotaux.

Droit civil

POSITIONS PRISES DANS LA THÈSE

La transcription a une origine germanique.

Le code civil n'exigeait pas la transcription de la vente pour la validité de la mutation de la propriété à l'égard des tiers.

POSITIONS PRISES EN DEHORS DE LA THÈSE

Les servitudes continues et apparentes ne s'acquièrent que par la prescription trentenaire.

Le droit d'user de l'eau d'une source, ne peut être acquis par prescription par le propriétaire du fonds inférieur, que si des travaux apparents ont été executés par lui sur le fonds supérieur.

Les sociétés civiles n'ont pas la personnalité civile.

La promesse synallagmatique de vente est une convention de nature à être transcrite.

Il n'y a pas lieu à transcription, lorsque la femme acceptant la communauté exerce ses reprises sur un des immeubles de cette communauté.

L'acte par lequel la femme accepte en remploi un immeuble acquis par le mari conformément aux articles 1434 et 1435 du code civil n'est pas soumis à transcription.

Droit Constitutionnel

Les pouvoirs de l'Assemblée nationale sont limités par les votes antérieurs de deux Chambres.

Le droit de priorité en matière de lois de finances n'empêche pas le sénat de rétablir un impôt ou une dépense.

Science financière

L'Etat n'a pas intérêt à emprunter sous le nom d'un tiers.

La conversion de la rente est un droit pour l'Etat.

Enregistrement

Le légataire particulier ne doit pas de droit de transcription.

La constitution de servitude est soumise au droit proportionnel de transcription.

Vu :

Le Président de la thèse,
CH. LEFEBVRE.

Vu:

Le doyen,
COLMET DE SANTERRE.

Vu et permis d'imprimer :
Le vice-recteur de l'académie de Paris,
GRÉARD.

TABLE DES MATIÈRES

DROIT ROMAIN

DE LA PROTECTION DES TIERS

DANS LES TRANSMISSIONS ENTRE VIFS

Des transmissions

17

DROIT FRANÇAIS

DE L'ORIGINE DE LA TRANSCRIPTION DANS LES PAYS DE NANTISSEMENT

Paris. — Imprimerie des Écoles, Henri JOUVE, 15 et 23, rue Racine.

Paris. — Imprimerie des Écoles, H. JOUVE, 15 et 23, rue Racine.

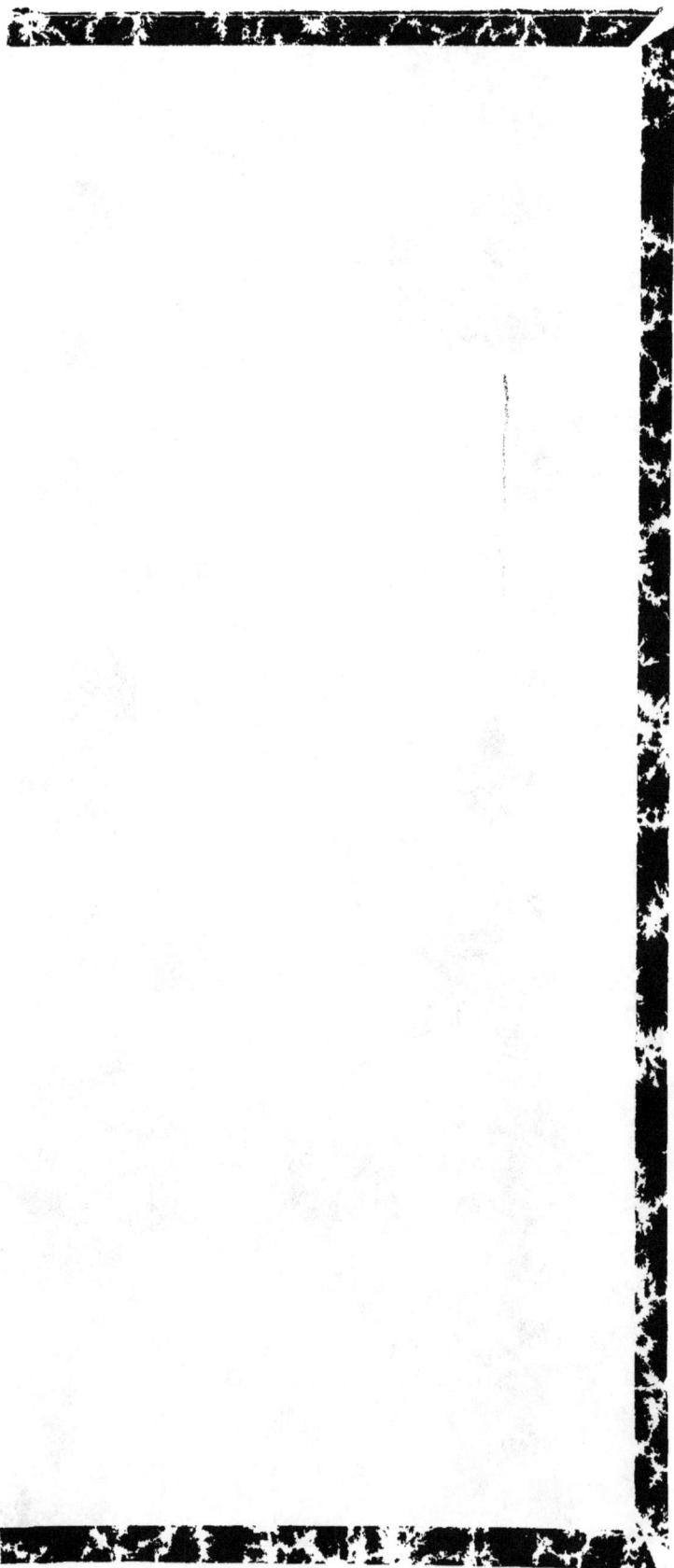

www.ingramcontent.com/pod-product-compliance
Lightning Source LLC
Chambersburg PA
CBHW071632200326
41519CB00012BA/2256